CARLOS BUSCH

MUITO ALÉM
DAS EXPECTATIVAS

ASSUMA O PROTAGONISMO
DA SUA VIDA E AJA PARA
SUPERAR SEUS CONCORRENTES

Diretora
Rosely Boschini

Gerente Editorial
Rosângela Barbosa

Editor Assistente
Alexandre Nuns

Assistentes Editoriais
**Bernardo Machado
e Rafaella Carrilho**

Produção Gráfica
Fábio Esteves

Preparação
Elvira Gago

Capa
Vanessa Lima

Projeto Gráfico
Rafael Nicolaevsky

Diagramação
Futura

Revisão
**Amanda Oliveira
Ana Paula Rezende**

Gráficos
Renata Zucchini

Ilustração p. 89
Sergio Rossi

Impressão
Loyola

CARO LEITOR,

Queremos saber sua opinião sobre nossos livros. Após a leitura, curta-nos no facebook.com/editoragentebr, siga-nos no Twitter @EditoraGente, no Instagram @editoragente e visite-nos no site www.editoragente.com.br. **Cadastre-se e contribua com sugestões, críticas ou elogios.**

Copyright © 2021 by Carlos Busch

Todos os direitos desta edição são reservados à Editora Gente.

Rua Original, 141/143 – Sumarezinho, São Paulo, SP– CEP 05435-050

Telefone: (11) 3670-2500
Site: www.editoragente.com.br
E-mail: gente@editoragente.com.br

Dados Internacionais de Catalogação na Publicação (CIP)
Angélica Ilacqua CRB-8/7057

Busch, Carlos
  Muito além das expectativas: assuma o protagonismo da sua vida e aja para superar seus concorrentes / Carlos Busch. – São Paulo: Editora Gente, 2021.
  192 p.

  ISBN 978-65-5544-129-1

  1. Profissões – Desenvolvimento I. Título

21-2250   CDD 650.14

Índice para catálogo sistemático:
1. Profissões – Desenvolvimento

Nota da Publisher

Como se manter relevante em um mercado – e em um mundo! – que se transforma diariamente? A resposta para essa pergunta vale 1 milhão de dólares, porém uma coisa é certa: ela não tem apenas uma resposta.

E é por isso que este livro de Carlos Busch é tão oportuno. Aqui, em *Muito além das expectativas*, encontramos as possibilidades para construir a resposta que levará você a um lugar de destaque e sucesso no mercado em que escolheu atuar. Com sua escrita recheada de insights, Carlos ajuda o leitor a melhor compreender o que realmente significa superar expectativas com estratégias claras e que qualquer pessoa pode aplicar na vida profissional.

Grande conhecedor do mercado e de suas evoluções constantes, Carlos saiu do interior do Rio Grande do Sul determinado a protagonizar a própria história de sucesso: extremamente estudioso, ele tem sólida formação acadêmica e carreira internacional e é hoje vice-presidente da Salesforce – uma das maiores empresas de software do mercado –, palestrante e referência quando o assunto é mercado e tecnologia, além de criador do movimento Fuja da Média.

Carlos decidiu que era hora de compartilhar com a gente histórias reais de pessoas e empresas que, diante da mesma pergunta, fizeram como ele: encontraram as próprias respostas. Tenho certeza de que este livro ampliará a sua visão sobre o mundo corporativo e irá guiá-lo numa jornada rumo ao protagonismo.

Convido você, então, não só à leitura, mas também a encontrar o seu grande potencial para ter performance e resultados muito além das expectativas!

Rosely Boschini
CEO e Publisher da Editora Gente

Dedicatória

Quando eu era mais jovem, foi a simplicidade de minha mãe e a força e parceria da minha esposa Daniela que me deram a serenidade de seguir todos os passos que segui.

Quando fiquei mais velho, foi um trio que me ensinou o quanto é preciso lutar para tornar esses sonhos realidade: minha esposa, Daniela, e meus filhos Vicente e Manuela. É para vocês que dedico este livro.

Prefácio de Alê Costa

Me recordo do exato momento em que recebi o convite de Carlos para escrever esse prefácio. Dentre as demandas, reuniões, tempo com a família e afazeres diversos, me peguei, apesar de lisonjeado, tentando entender o convite. Sim, confesso que não entendi no primeiro momento e que fiquei intrigado e curioso para saber qual seria a minha relação com o projeto como um todo.

Recebi uma cópia do material de Carlos por e-mail. Em um final de semana gostoso e tranquilo, diante de uma linda paisagem, comecei o processo de leitura, ao lado da minha esposa, Angela. A conexão foi imediata; comecei a entender e me identificar com os objetivos do livro e, ao mesmo tempo, feliz por ter conseguido realizar, mais uma vez, o meu propósito, diretamente alinhado com o que foi escrito por Carlos.

Para empreender é preciso muito mais do que coragem, força de vontade, trabalho duro e dinheiro. Na verdade, essas coisas são fatores secundários dentro do grande cenário. Eu, por exemplo, comecei com dinheiro emprestado e só o devolvi depois de resolver e entregar o meu primeiro desafio enfrentado. E para isso precisei de duas coisas: ter um propósito e ser disruptivo.

Eu queria ter meu próprio negócio, e, antes disso, sempre soube que queria tocar a vida das pessoas de forma positiva, por onde quer que eu passasse. Esse é o meu propósito. O primeiro desafio foi entender como iria produzir ovos de páscoa – coisa que nunca havia feito – para atender os clientes de uma venda que fiz, mas que o fornecedor não entregou.

Não tinha conhecimento de mercado, muito menos de como produzir ovos de páscoa, mas eu tinha um propósito, muita força de vontade e também as pessoas que tive a *sorte* de encontrar no momento certo e na hora certa. Então, eu e Dona Creuza – que se dispôs a me ajudar – colocamos a mão na massa e produzimos a quantidade de ovos que eu havia vendido.

Propósito. Quando temos propósito passamos por cima de obstáculos que acreditamos ser impossíveis de passar, mas nada é impossível se entendemos os fatores principais em exercer qualquer coisa com sucesso: e isso se chama mindset. Ele acontece naturalmente quando estamos dispostos a fazer algo de acordo com o nosso propósito, não importa qual seja.

Esse foi somente o início e o primeiro obstáculo que enfrentei para construir a Cacau Show. E, a partir desse primeiro momento, encontrei uma oportunidade de mercado, assim como Carlos retrata no capítulo 2, "As dificuldades podem se tornar oportunidades".

Foram diversos momentos, dificuldades, conquistas e algumas derrotas, mas nada me fez perder o propósito – e por isso a Cacau Show chegou aonde está hoje. E se mantém firme e com seus clientes e fãs fiéis.

Entro todos os dias no escritório às 8h da manhã, assim como todos os outros funcionários da grande turma que formamos. Depois, visto minha roupa e meu propósito. Entro todos os dias no Complexo Intensidade – que não tem esse nome por acaso – vestido da certeza de que vamos tocar a vida das pessoas, positivamente, para o bem, sempre.

Nunca estive sozinho e nunca estarei, porque sozinho não teria chegado aonde estou hoje. O mérito é de todos aqueles que vestem o mesmo propósito que eu, diariamente. Encontrei meus iguais.

Encontrei aqueles que acreditam em quem somos, como marca, e onde podemos chegar. E vivemos para, juntos, tocar a vida das pessoas.

Esse é o meu lema de vida. Esse é o lema de vida da Cacau Show que, inclusive, está gravado em um dos pilares do Complexo Intensidade. E aqui, não preciso dizer muito, certo? A base do nosso prédio é marcada pelo nosso propósito. A verdade não é para ser dita, mas para ser vivida.

E, mesmo com toda a definição dos propósitos, do trabalho em conjunto, é preciso ser disruptivo. Além de entender as oportunidades é preciso pensar de forma inovadora, mesmo quando já inserido em um mercado existente e sólido. Ser disruptivo é uma das formas de ser inovador, como indica o autor no capítulo 4, "Vamos fugir da média?".

Espero que essa leitura toque o seu coração. Que ao final da leitura o seu propósito esteja ainda mais definido. Que o seu mindset aperfeiçoe e encontre um rumo ainda mais convicto do que é necessário ser feito para conquistar o objetivo final. Nem sempre as tarefas vão ser simples e fáceis, mas atitudes são necessárias para gerar bons resultados. Confie no seu propósito.

Obrigado, Carlos, pelo convite e por me fazer relembrar de tantas histórias ao ler seu livro. Afinal, mesmo que inconscientemente, foram esses pensamentos que estiveram em boa parte, senão em toda, a trajetória da Cacau Show.

Beijos grandes a todos vocês e boa leitura!

Alê Costa
Fundador e CEO da Cacau Show

Sumário

INTRODUÇÃO 13

1. O ÓTIMO É MELHOR QUE O BOM 26
2. AS DIFICULDADES PODEM SE TORNAR OPORTUNIDADES 36
3. RECONHEÇA O PROTAGONISMO DA NOVA SOCIEDADE 58
4. VAMOS FUGIR DA MÉDIA? 76
5. PROPÓSITO 90
6. PIONEIRISMO 104
7. PENSE E FAÇA 116
8. PERFORMANCE 128
9. PESSOAS 136
10. ELIMINE O SEU 1,40 METRO 148
11. RE-EVOLUÇÃO 156

PALAVRAS FINAIS 177
NOTAS 185

INTRODUÇÃO

Gostaria de começar agradecendo a você por ter escolhido ler este livro. É provável que diversos motivos tenham influenciado sua decisão, como o título, a capa, uma recomendação ou, ainda, sua curiosidade pelo assunto. Mas, independentemente disso, posso afirmar que identifico em você um desejo, ainda que oculto, por algo diferente do que a maioria das pessoas almeja, por buscar evoluir e se desafiar. Então, posso assegurar que você escolheu o livro certo.

Muitos fatores contribuíram para que eu escrevesse esta obra, mas seguramente o que mais me encorajou foi o propósito de compartilhar minha experiência e visão de mundo para que mais pessoas possam desfrutar uma caminhada repleta de desafios e conquistas.

O título *Muito além das expectativas* foi pensado para exemplificar como podemos lidar com o mundo à nossa volta de maneira desafiadora e inspiradora. Ao longo de nossa vida, fomos orientados a nos encaixar nos padrões esperados pela sociedade, ou seja, a nos conformarmos com a mediocridade, sendo apenas mais um entre tantos. Até pouco tempo atrás, pessoas que tinham visões alternativas e que fugiam do trivial eram consideradas, em geral, equivocadas – para não usar um termo mais pesado. Com a democratização das tecnologias da informação, como o telefone celular e as redes sociais, passamos a ter mais contato com pensamentos e visões diferentes e, ao mesmo tempo, com um mundo repleto de mudanças cada dia mais ágeis e disruptivas (disrupção é uma grande mudança em um mercado).

Desde que iniciei minha jornada profissional, senti uma certa inquietação, uma necessidade de fazer diferente, de ocupar de fato um espaço melhor. Parte dessa minha insatisfação, melhor, dessa minha inquietação em relação a como eu encarava as oportunidades que o mundo me oferecia e me posicionava sobre elas, ganhou muita força por volta do ano 2000, quando li o famoso discurso, feito em 12 de setembro de 1962, de John F. Kennedy, então presidente dos Estados Unidos. Esse discurso despertou em mim uma voz muito forte que dizia que eu deveria sempre buscar o movimento, que não deveria olhar para o plano, mas sempre para algo mais além, buscando entregar algo diferente do que já havia feito.

Em sua fala, Kennedy tentou persuadir os norte-americanos a apoiar a continuidade do programa espacial nacional, que tinha como objetivo realizar uma alunissagem tripulada ainda na década de 1960. Vale destacar que naquela época o mundo vivia a Guerra Fria, período marcado pelas tensões geopolíticas entre a antiga União Soviética e os Estados Unidos e seus respectivos aliados, após a Segunda Guerra Mundial. Logo, o programa espacial norte-americano era um projeto com viés político que pretendia demonstrar a superioridade dos Estados Unidos sobre a União Soviética.

Como grande parte da população era contrária ao programa, sobretudo por causa dos altos investimentos e por não beneficiar diretamente a sociedade, o presidente Kennedy, na tentativa de conseguir o apoio do povo, apresentou o espaço como uma nova fronteira a ser explorada, exaltando o pioneirismo dos Estados Unidos e invocando o orgulho nacional.

Em seu discurso, Kennedy disse uma frase que me impactou e que até hoje considero ser um dos pilares da minha visão sobre "desafiar-se": "*We choose to go to the Moon*" ("Nós escolhemos ir à Lua", em português). Essas palavras têm um poder mobilizador muito grande. Ao dizer "nós escolhemos ir", o presidente demonstrou querer sair da zona de conforto, pois, embora o programa representasse um grande desafio por seu pioneirismo, Kennedy não cogitou um "plano B" e enfatizou a possibilidade de os Estados Unidos terem um papel ainda mais protagonista no cenário mundial.

O trecho do discurso em questão é, em tradução livre, o seguinte:

> *Nós escolhemos ir à Lua! Nós escolhemos ir à Lua... Nós escolhemos ir à Lua nesta década e fazer outras coisas não porque são fáceis, mas porque são difíceis; porque esse objetivo servirá para organizar e medir o melhor das nossas energias e habilidades; porque é o desafio que estamos dispostos a aceitar, que não estamos dispostos a adiar e que temos a intenção de vencer, e os outros, também.*[1]

Hoje, ao reler essas palavras, tenho a mesma sensação da primeira vez que as li: ver que há pessoas que se recusam a limitar seus desafios, que buscam não se acomodar com a situação presente e que criam "desconfortos" capazes de expandir seus limites e possibilidades dia após dia, de modo a enxergar um futuro disruptivo.

Este é justamente o objetivo desta obra: ajudar você a expandir sua forma de pensar e a maneira como tem vivido ou visto o mundo corporativo por meio de uma visão não usual da sociedade – que continua ofertando a todos um ambiente competitivo e com potencial de adaptação – e mostrar que você é o verdadeiro protagonista de sua história, o responsável por criá-la, ajustá-la e por prosperar. A maioria de nós deseja ser protagonista da própria vida, mas poucos têm a inquietude interna e o acesso a conteúdos disruptivos para se desafiar a prosperar, evitando comportamentos previsíveis e medianos que resultam do sistema que os guiou até hoje.

Grande parte do que compartilho neste livro é fruto da minha experiência de vida. Em alguns momentos, relato passagens importantes da minha jornada para que você compreenda minha forma de pensar e também para mostrar que muitas coisas em nossa vida passam a fazer sentido quando olhamos para trás. Assim, começarei a jornada pelos meus primeiros passos e pelos aprendizados a eles associados.

* * *

Sou o primeiro de três filhos de uma família de classe baixa da cidade de Lajeado, no Rio Grande do Sul. Uma família com costumes e padrões tradicionais. Aos 14 anos, eu sonhava em ser jogador de futebol – nada muito diferente do sonho dos meninos da minha idade e dentro dos padrões de vida que eu tinha. Como todo jovem, eu sonhava alto, queria suprir as carências e os desejos que tinha naquela época e esperava que a profissão me permitisse tais conquistas. Mas um belo dia entendi e decidi que continuar sonhando em ser jogador de futebol não era o melhor plano para minha vida, até porque meus dotes futebolísticos não eram tão promissores. Então, comecei a procurar uma vaga de estágio.

Depois de alguns meses e várias entrevistas, passei na seleção para trabalhar como operador de máquinas de fotocópias – o famoso Xerox – na Fundação Alto Taquari de Ensino Superior (Fates). Como eu estudava de manhã, o estágio era em tempo parcial, no turno da noite – algo superpositivo, pois eu aproveitava as tardes para outras atividades. Logo no início do estágio, tive acesso a novos equipamentos eletrônicos que prometiam mudar a sociedade, os tais computadores, que começavam a ser usados nos ambientes de trabalho. Foi amor à primeira vista.

Como tinha raras oportunidades de usar esses equipamentos, após alguns meses pedi à minha mãe que me matriculasse em um curso de informática. (Na década de 1990, as escolas de informática estavam iniciando as atividades na minha cidade.) Dias depois, ela me chamou e disse: "Júnior, tudo o.k. Você está matriculado". Fiquei extasiado, muito feliz. Então perguntei: "Em qual escola e curso, mãe?". A resposta inicialmente me frustrou: "Júnior, a premissa para um bom profissional de informática é saber digitar. Assim, eu te matriculei primeiro em um curso de datilografia". Para quem não sabe, o curso de datilografia ensinava a digitar com todos os dedos nos teclados *Qwerty*. Bem, que situação! Mas acabei concluindo o curso com ótima produtividade e fiz vários cursos de informática nos meses seguintes.

Cerca de quatro meses depois de eu ter concluído o curso de datilografia, foi aberta uma vaga para digitador na biblioteca da instituição em que eu trabalhava, pois as fichas catalográficas (sim, era assim que se pesquisavam livros naquela época: no papel) seriam extintas. O futuro estava chegando àquela biblioteca: ela passaria a utilizar um sistema israelense para informatizar a busca de livros.

Quando soube da vaga, corri à biblioteca e me candidatei. Para minha alegria, fui aprovado. E, veja só, justamente por minha capacidade de digitar muito rápido e da maneira correta. Foi então que percebi a importante lição de vida dada por minha mãe: se você quer fazer algo, faça bem, faça o seu melhor. Não existem atalhos para um trabalho bem-feito.

A partir desse ano, 1996, passei a exercer minhas atividades com o uso de computadores, sempre me especializando mais e mais, e fui crescendo na instituição. Até que, no ano 2000, surpreendentemente, fui desligado da Fates (hoje, Univates). E eis aqui mais um grande aprendizado: você não é, você está; seja no trabalho, seja em outras situações.

Após alguns meses trabalhando como *freelancer*, resolvi tentar a vida na capital, Porto Alegre. Participei de umas dez entrevistas em uma agência de empregos e em poucas semanas fui contratado pela Organização das Nações Unidas (ONU), no Programa das Nações Unidas para o Desenvolvimento (PNUD), para atuar em projetos governamentais, e o primeiro deles seria em Porto Alegre, na área de finanças públicas do estado. Passei a morar de segunda a sexta-feira em Porto Alegre, em hotéis com quartos sem banheiro ou em apartamentos compartilhados, e nos fins de semana retornava para minha cidade.

Depois de quase um ano, essa nova vida estava ficando monótona, com noites livres e poucos desafios. Então, passei a dar aulas noturnas de programação de internet em uma empresa chamada

Processor. Meses mais tarde, fui convidado a atuar na área de Novas Tecnologias de Internet (NTI). E foi assim que iniciei uma jornada de doze anos na Processor, uma empresa fantástica com um líder incrível, Cesar Leite. Lá encontrei um ambiente desafiador, que dava oportunidade a todos de inovar. Era o lugar perfeito para mim. E isso, somado à minha ânsia por sempre me desafiar, me tornou um profissional muito mais completo. Pude ajudar a empresa a se aperfeiçoar, e ela apresentou um sólido crescimento durante todo o período em que lá estive.

Quando deixei a Processor, trabalhei como executivo em empresas multinacionais da área de tecnologia da informação no Brasil e na América Latina, sempre com um pensamento de protagonista, compartilhando com meus times, colegas e parceiros um jeito diferente de encarar os desafios, sem nunca me acomodar, ouvindo muito os clientes, mas também levando a eles proposições inovadoras, pois muitas vezes nosso papel era criar ações adequadas aos desafios do mercado, como as que vou descrever mais adiante. Nas reuniões com clientes, eu sempre procurava entregar algo a mais, um diferencial que os encantasse e que traduzisse uma parceria de sucesso. Meu objetivo era que eles considerassem imprescindíveis as reuniões comigo e com meu time.

E agora aqui estou, desafiando-me novamente ao escrever este livro, colocando no papel parte do que compartilho com todos diariamente, porque acredito que devemos somar e multiplicar em todas as oportunidades. Para você ter uma ideia de como penso, eu me preparo até para as *happy hours*, pois ser como todo mundo nunca foi algo que desejei, pratiquei ou em que acreditei.

Outra questão que desejo compartilhar é que, como tive por muitos anos uma limitação financeira bem significativa, precisei adiar meu sonho de cursar o ensino superior, embora, acredite, na maior parte da minha jornada profissional isso não fizesse falta diretamente, mas, indiretamente, sim: eu me cobrava. Em 1999, comecei a cursar uma universidade, mas me formei somente nove anos depois, após trocar de curso cinco vezes pelos mais variados motivos, como mudança de cidade e desafios na carreira, entre outros. Assim, iniciei o curso de Ciência da Computação e acabei concluindo o de Administração de Empresas, na Pontifícia Universidade Católica do Rio Grande do Sul (PUCRS).

Quando me formei, em 2008, já havia conquistado muita coisa em minha vida profissional, mas sabia que, para ser quem eu almejava, ter uma formação acadêmica não era suficiente. Conversei muito com minha esposa, Daniela, e, com seu apoio, iniciei uma jornada para tornar meu background acadêmico tão forte e expressivo quanto minha trajetória profissional. Assim, decidi cursar especializações nas melhores instituições de ensino do mundo, como a Fundação Getulio Vargas (FGV), a Universidade Harvard, o Massachusetts Institute of Technology (MIT), a Singularity University, a Universidade da Califórnia e a Universidade de Londres, entre outras.

Nos últimos vinte e cinco anos, ao lado da minha parceira de vida, mantive o jeito simples e humilde de ser e de agradecer por tudo, mas aprendi – e pratiquei muito – que ser comum é opção, não destino. Estar "dentro da média" não está relacionado à condição social, mas, sim, a comportamentos e valores. Penso que sempre temos oportunidade de ser melhores no que fazemos. Ler este livro, por exemplo, é uma forma de buscar ser diferente. Há muitos anos compartilho com todos que de alguma forma buscam comigo algum tipo de direcionamento ou opinião uma frase que simboliza como encaro os desafios e as oportunidades da vida: "Você não precisa correr, basta não ficar parado".

Um questionamento que gosto de fazer é: o que aconteceria se você dedicasse apenas quinze minutos de seu dia a obter um novo conhecimento? Você não imagina como isso seria muito, mas muito mesmo, positivo em seu crescimento. Darei um exemplo matemático para ilustrar essa tese.

Preste atenção nesta expressão matemática: $(1,00)^{365} = 1,00$.

O número entre parênteses, que neste caso é 1,00, significa que você é 100% você todos os dias. Sem nada adicional. Se analisarmos você em crescimento, nesse formato, por um ano (365 dias), constataremos que, como você não teve evolução em nenhum dia, não será diferente depois de um ano.

Agora, e se a expressão fosse: $(1,01)^{365} \cong 37,80$?

Neste caso, o número entre parênteses é 1,01, ou seja, agora você seria 1% melhor a cada dia. Como 1% do seu dia equivale a aproximadamente quinze minutos, se você dedicar apenas um quarto de hora diário a sua evolução, poderá ter por ano aproximadamente 38 impulsos de conhecimento a mais se comparado ao que teve até então. Logo, você não precisa correr, não precisa ficar quatro horas todo dia buscando conhecimento, praticando novas ações ou melhorando a performance, mas sim focar em não ficar estagnado, parado, confortável com a situação atual. Lembre-se: o que o trouxe até aqui dificilmente o levará para um novo local.

Bem, o tempo passou, e a década de 2020 se apresenta como uma época muito complexa para a sociedade. Vivemos uma era sem igual, acelerada e desafiadora em todas as esferas. Estamos presenciando uma das maiores disrupções da história em termos de evolução a curto prazo, além de uma das maiores pandemias já vistas, que, pela primeira vez, paralisou grande parte das organizações e das pessoas em todo o mundo. Esses fatores culminaram em drásticas transformações em nosso dia a dia, afetando nossos comportamentos, nossas relações, nosso trabalho e, portanto, obrigando-nos a mudar.

Falando nisso, certa vez assisti a uma palestra do escritor baiano Kau Mascarenhas[2] em que ele destacou que nós, humanos, mudamos a cada segundo, pois, a cada fala, a cada linha lida de um texto, nossos neurotransmissores atuam na corrente sanguínea alterando nossa percepção. Isso reforça a tese de que a mudança ocorre em todo lugar e a todo instante, por toda a nossa vida. Ler este livro pode, inclusive, ser uma grande possibilidade de mudar em muitos aspectos.

***

Antes de iniciarmos esta jornada em busca do protagonismo, gostaria de agradecer a todas as pessoas que fizeram parte da minha vida por dividirem o que sabem e por serem líderes admiráveis. Esta obra vem a público depois de vinte e cinco anos de atuação em transformação digital, vendas, diferenciação e *customer experience* em grandes empresas. Desde meu primeiro emprego no setor de reprografia até as demais passagens por empresas em que tive o privilégio de trabalhar, convivi com muitas pessoas que merecem meu "obrigado". Sou imensamente grato pelo tempo e pelas lições que elas me proporcionaram.

Espero que esta leitura ajude você a fugir da média. A caminhada é recompensadora, porém árdua, principalmente se considerarmos que nosso cérebro é preguiçoso.

Mas isso é assunto para o capítulo 1.

O ÓTIMO É MELHOR QUE O BOM

"A mente que se abre a uma nova ideia jamais voltará ao seu tamanho original." – Albert Einstein[1]

Talvez você esteja se questionando sobre o título deste capítulo: "O que será que ele quis dizer com isso? As pessoas costumam afirmar que o bom é inimigo do ótimo!". Calma, o título está correto, sim. Ao longo da leitura, você vai entender a importância de acreditar que "o ótimo é melhor que o bom" e como essa afirmação pode mudar sua vida. Mas já adianto que direcionar seus pensamentos e ações será um desafio, pois temos, internamente, algumas forças contrárias.

Bem, você já deve ter ouvido falar que o *Homo sapiens* surgiu na África há mais de 300 mil anos, e sua subespécie, o *Homo sapiens sapiens*, povoa hoje todo o planeta, com quase 8 bilhões de habitantes em 2020.[2] Quando analisamos em profundidade esse longo período, identificamos que o *Homo sapiens* passou por muitas transformações ao longo destes milhares de anos. Quero compartilhar aqui alguns pontos das três principais revoluções que mudaram totalmente a história da humanidade.

A primeira dessas revoluções, a cognitiva, marcou o surgimento de novas formas de comunicação em um período em que a espécie humana ainda existia de maneira muito primitiva, há cerca de 30 mil anos. Naquele momento o homem passou a ter capacidade de criar e comunicar-se, além de consumir, armazenar e assimilar grande quantidade de conteúdo. Em seu livro *Sapiens*, Yuval Noah Harari afirma que durante essa revolução "a ficção nos permitiu não só imaginar coisas como também fazer isso coletivamente. [...] Foi o surgimento da ficção que possibilitou que um grande número de estranhos pudesse cooperar de maneira eficaz por acreditar nos mesmos mitos".[3]

A segunda revolução foi a agrícola, quando os humanos deixaram de ser nômades, focados na colheita e na caça, e passaram a cultivar os próprios alimentos e a domesticar animais. Tudo isso só foi possível graças à capacidade desenvolvida pelo homem de pensar no futuro e de fazer planos.

A terceira e última revolução foi a científica, que trouxe em grande escala novas capacidades à humanidade, ocorre há pelo menos quinhentos anos e mostra o poder que temos sobre o planeta. Vale destacar que lá nos anos 1500 nós, humanos, sequer tínhamos a certeza de aptidão em adquirir novos conhecimentos, fossem eles médicos, econômicos, militares, culinários etc. No decorrer desse período, o crescimento populacional explodiu e continua exponencial até os dias atuais. Imagine que por volta de 1500 existiam apenas 500 milhões de pessoas e em 2020 somos quase 8 bilhões.[4]

Durante todas essas revoluções, um aspecto que ficou evidente em um estudo de vários pesquisadores da Washington State University[5] foi o grande aumento no tamanho do crânio com o passar dos anos na evolução do *Homo sapiens*. Um ponto relevante é que o cérebro, embora represente uma parcela pequena de nossa massa corporal, é responsável, em condições de repouso, pelo gasto de cerca de 30%[6] da energia consumida por nosso organismo. Nossos ancestrais tinham menos músculos, pois, devido à limitação de energia, seu cérebro passava a canalizar para si a energia existente no organismo em detrimento da fornecida aos músculos. E assim teve início a jornada do desenvolvimento de nossas habilidades sociais, uma vez que para sobreviver, era mais do que necessário organizar-se socialmente e ter a colaboração de todos, valendo-se de mitos e histórias com enfoque em convencimento dos indivíduos desde a revolução cognitiva.

Você deve achar que está lendo um livro sobre a história da humanidade ou sobre comportamentos, não é mesmo? Pois bem, ainda jovem aprendi que a história sempre traz respostas para os eventos presentes, e neste caso não é diferente.

Conhecendo a base histórica da formação do cérebro, vimos que ele é o grande responsável pelo consumo de energia do corpo.[7] Mesmo que tenhamos evoluído de maneira profunda, nosso cérebro ainda é responsável por nos manter, ao menos no contexto biológico, e evita usar energia de maneira aleatória, como quando queremos pensar ou realizar uma ação diferente da habitual. Por isso, muitas vezes somos desestimulados a agir por nosso cérebro, que está focado na priorização de energia para o corpo. Você, por exemplo, se lembra de todos os movimentos que realizou para escovar os dentes pela manhã? E do caminho que percorreu para ir ao trabalho, à escola ou a outro destino? Você não se recorda porque seu cérebro já se estruturou para que você execute essas atividades utilizando o mínimo de energia possível e, assim, se mantenha no que chamamos popularmente de "piloto automático".

Da mesma forma, tendemos a aceitar padrões de comportamento a que fomos condicionados ao longo do tempo, pois o cérebro já os identifica como comportamentos prováveis e, assim, pode agir mais no acesso à informação do que no pensamento ativo (consumindo, dessa forma, menos energia). Quando acreditamos que uma nota 7 é adequada por estar na média do sistema educacional padrão, ficamos confortáveis e, portanto, não precisamos despender mais energia para alcançar uma nota mais alta. Esse é um bom exemplo do trabalho do nosso cérebro para que evitemos o confronto com algo que consuma energia de maneira supostamente desnecessária.

Grande parte dos indivíduos foi educada com base no sistema tradicional de educação, que nada mais é do que uma representação do sistema de produção implantado nas últimas décadas, em que os profissionais se concentram em realizar as mesmas ações diariamente com o menor nível de esforço e o máximo de produtividade, embora no modo automático. Isso resulta em ganhos na produtividade industrial, que, no início do século XX, foi reestruturada em linhas de produção para que cada operário executasse suas tarefas de maneira padronizada e repetitiva, sem nenhum tipo de variação ou criatividade, como desejado pelo cérebro, orquestrador de energia, que não está direcionado a buscar algo fora do previsto. Assim, a maioria das pessoas vive na média, agindo dentro das premissas dos sistemas social e biológico. Felizmente algumas se permitiram questionar esse modelo padronizado de educação que, por sinal, premia os alunos que estão na média, mas não proporciona espaço para aqueles com visões diferentes, que questionam o *statu quo* e que, eventualmente, poderiam fazer com que a sociedade evoluísse. No sistema tradicional de educação, o aluno deve dar a resposta esperada pelo professor, e apenas aquela, não havendo espaço para cenários de expansão crítica.

Provavelmente você se lembrou de pessoas de seu círculo de relações que possuem um perfil fora da média, ou seja, que se destacam na comparação com a maior parcela da população. Essas pessoas confrontam modelos de pensamento tradicionais e seu próprio sistema biológico, buscando entregar produtos, tendências, comportamentos e cultura superiores aos vigentes, tornando-se protagonistas na sociedade. São profissionais e executivos anônimos que estão acima da média tanto em suas atividades como na forma de conduzir e pensar a vida em sociedade, como o dono do melhor hortifrúti do seu bairro, o empresário que se preocupa em ter uma cadeia de produção alinhada às melhores práticas ambientais ou o empreendedor que apoia a extensão de benefícios sociais aos mais necessitados, buscando ajudar na educação e na inclusão de todos os indivíduos, entre tantos outros. Elon Musk, Jeff Bezos e Steve Jobs são exemplos de protagonistas que se destacaram por fazer a diferença e são amplamente reconhecidos por seus feitos e suas visões não ortodoxas à frente de seus negócios. Não é à toa que todos eles são responsáveis por suas empresas terem um altíssimo valor de mercado.[8,9]

Já personalidades como os ativistas norte-americanos em prol dos direitos civis dos negros Martin Luther King Jr. e Rosa Parks tiveram em décadas passadas uma liderança e uma visão que confrontaram os padrões sociais de desigualdade então vigentes, trazendo à tona discussões pertinentes, inteligentes e que a sociedade de então não aceitava completamente.

Dessa forma, apenas considerando alguns dos exemplos que compartilhei aqui, fica evidente que as pessoas possuem características, pensamentos, motivações e direcionamentos diferentes umas das outras, embora partilhem a mesma composição biológica.

Assim, pessoas que direcionam seus esforços para fazer algo diferente do esperado, aquelas que de alguma maneira estão inconformadas com o cenário atual, são as que movimentam nossa sociedade em direção à evolução, fomentando novos comportamentos e novas maneiras de conduzir a vida e atuando como reais protagonistas. Em contrapartida, a maioria das pessoas possui visões, comportamentos e ações menos inquietas, primariamente direcionadas a consumir e se comportar de acordo com o previsto no *statu quo*, ou seja, sendo comuns na condução de suas vidas.

Você pode aceitar as premissas como elas são ou confrontá-las para diferenciar-se e FUGIR DA MÉDIA. Não se esqueça: o ótimo, a dedicação e a crença de que você é capaz são, sim, sempre a melhor opção.

Você deve achar que está lendo um livro sobre a história da humanidade ou sobre comportamentos, não é mesmo? Pois bem, ainda jovem aprendi que a história sempre traz respostas para os eventos presentes, e neste caso não é diferente.

AS DIFICULDADES PODEM SE TORNAR OPORTUNIDADES

"A vida não tem equilíbrio, só equilibristas." – Matëi Visniec[1]

Quando analisamos a história do ouro, vemos que ele foi um dos primeiros metais descobertos pelo homem, já no fim da Pré-História, e que logo foi considerado um dos mais preciosos, tornando-se símbolo de riqueza e poder. Ele passou a ser desejado e disputado, pois, quanto mais ouro se tinha, mais se era visto como uma pessoa detentora de poder pela sociedade. Um exemplo disso é a utilização exagerada do ouro na arquitetura dos castelos da monarquia europeia, uma verdadeira ostentação digna de um poderoso, de um rei.

Com o passar dos séculos, surgiu uma nova fonte de riqueza e de poder: o ouro negro, denominado petróleo. Descoberto na Antiguidade, registros apontam para casos de uso do petróleo em 4.000 a.C., com base nos afloramentos rochosos do Oriente Médio. Na Mesopotâmia, por exemplo, já se utilizava o betume para a pavimentação de caminhos e ruas, a calafetação, o aquecimento e a iluminação.

A indústria petrolífera teve início no século XIX com o químico escocês James Young, quando se descobriu que o petróleo podia ser extraído do xisto betuminoso, criando assim processos complexos de refinação. Desde essa época, países e organizações passaram a ter mais riqueza e poder associados à sua exploração e respectivas reservas, pois, embora o petróleo seja um recurso natural em abundância, sua busca demanda análises complexas e altos custos.

Apesar disso, ele continua sendo a principal fonte de energia na sociedade atual e é utilizado na fabricação de muitos produtos, como combustíveis, polímeros plásticos e insumos medicinais.

Hoje, a sociedade já reconhece uma nova fonte de poder e riqueza: os dados. Nos últimos dez anos, as pessoas passaram a utilizar cada vez mais dispositivos móveis como celulares e *tablets* para acessar informações e serviços, e esse comportamento agilizou diversos processos com transações bancárias, capacitação remota, conversas e reuniões virtuais, compras, entre outros. Portanto, as empresas que utilizam os dados de maneira inteligente são mais valorizadas no mercado.

Em 2018, a revista *Harvard Business Review* produziu um artigo "Why All Companies Need a Data Experience Designer" (em tradução livre, "Por que todas as empresas precisam de um designer de experiência de dados."),[2] destacando o protagonismo que os dados passaram a ter no direcionamento do mercado. Ainda em 2018, saiu no periódico *HSM* o artigo "Novo poder",[3] que aborda a maneira como a informação, agora descentralizada, impacta a coletividade, pois até alguns anos atrás poucas pessoas detinham muito poder e a informação era disseminada pelas mídias convencionais, o que criava sociedades com pouco senso crítico, que acreditavam apenas no que era transmitido pela TV. Ainda segundo o artigo da *HSM*:

> *Esse "velho poder", geralmente detido por uma pessoa e caracterizado como fechado e inacessível, caiu em desuso graças às transformações digitais que impactaram o mundo nos últimos cinco anos. A internet e as redes sociais democratizaram a informação, quebraram barreiras sociais e*

> *geográficas e estabeleceram novos mindsets e modelos de negócio. Pessoas de todos os lugares se juntam em movimentos com o mesmo objetivo, e tal comportamento deu lugar ao "novo poder".*[4]

Esse "novo poder" resultante dos dados na verdade já tinha relevância na diferenciação de profissionais e organizações no fim da década de 1990, pois, com a expansão da informatização das empresas, a geração e o controle de dados passaram a ser uma realidade que crescia diariamente em grande escala. Estima-se que, em 2020,[5] tenham sido gerados bilhões de dados por segundo. Se analisarmos apenas as consultas realizadas em um portal de buscas em que pessoas de todo o mundo fazem cerca de 40 mil consultas por segundo, teremos cerca de 3,5 bilhões de buscas por dia e 1,2 trilhão de buscas por ano. E estou falando de dados gerados por pesquisas e consultas realizadas por meio de dispositivos como celulares, relógios, televisores, laptops etc. Logo, fica evidente que uma avalanche de dados está sendo criada.

Por esse motivo, empresas com cultura de transformação digital direcionada para o cliente, com ações de inovação para entregar a ele a melhor experiência – também chamadas de *customer experience* (CX) –, quando detêm uma boa amostragem de dados, passam a ter um poder sem igual para diferenciar seu atendimento.

Assim, a informação que se obtém dos dados é, sem dúvida, a principal força de diferenciação e poder das empresas. Seu potencial e seu valor ainda são incalculáveis, mas certamente é uma grande oportunidade para o mercado e para os clientes, que poderão contar com melhores serviços e experiências com o passar do tempo.

Os estudos de uso de redes sociais compartilhados pela Domo,[6] grande fornecedora de tecnologia mundial, revelam que, a cada minuto de 2020, tivemos:

- YouTube – mais de 500 horas de vídeos publicados;
- Netflix – mais de 400 mil horas de vídeos vistos;
- WhatsApp – mais de 41 milhões de mensagens trocadas;
- LinkedIn – mais de 69 mil candidaturas em vagas de emprego.

E poderíamos continuar a listar várias plataformas, pois a cada dia a tecnologia vem exercendo um papel mais importante em nossa sociedade, e tudo isso tem impacto na geração de informações de maneira nunca antes esperada.

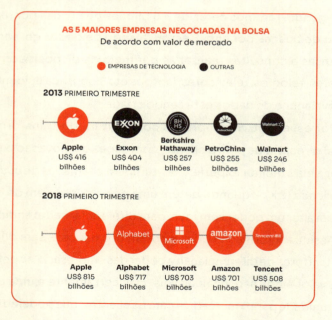

Fonte: Visualizing change: a data-driven snapshot of our world – BBC.

Um reflexo de como, hoje, ter maior poder passa pela informação e pelo uso da tecnologia é a grande mudança na lista das maiores empresas de capital aberto do mundo, que antes continha também companhias petrolíferas e agora apresenta em seu "Top 5" apenas empresas de tecnologia da informação (TI).

O infográfico[7] revela que, em 2013, das cinco maiores empresas negociadas na bolsa de valores americana, somente uma era da área de tecnologia da informação. A partir de 2018, todas as companhias dessa lista são de tecnologia da informação, o que mostra o grande potencial de crescimento ano após ano. Analisando o mesmo infográfico, vemos que, em 2013, o valor de mercado da Apple era de 416 bilhões de dólares e, no primeiro trimestre de 2018, já ultrapassava os 800 bilhões de dólares, alcançando 1 trilhão de dólares ainda nesse mesmo ano.

Em 2020, a Apple continuou a crescer, chegando a valer mais de 2 trilhões de dólares.[8] E não é o caso apenas dessa empresa, pois os primeiros cinco colocados da lista[9] já operavam em 2020 com valor de mercado superior a 1 trilhão de dólares. Se ampliarmos nossa análise para as demais empresas da lista, veremos que os dois *players* seguintes (Facebook e Tencent) também pertencem ao segmento de tecnologia da informação, com valor de mercado de pelo menos 700 bilhões de dólares cada um.

De modo macro, essa evolução do poder, que hoje é focada no uso de tecnologias voltadas à informação, traz muitos desconfortos e anseios para a maioria dos empresários e executivos. Além de estarmos passando por uma grande revolução na maneira como os negócios são feitos e na forma como nos comunicamos e interagimos, a grande quantidade de informações que permeia as relações faz com que as expectativas e as experiências dos consumidores sejam cada vez mais refinadas em termos de antecipação de desejos e inovação nas ofertas.

Por tudo isso, gostaria de compartilhar com você que este momento em que a maioria de nós enfrenta um desafio perante o novo modelo de negócios e de sociedade, pondo à prova a sobrevivência de uma grande parcela dos negócios e da carreira de profissionais, é, de alguma forma, também uma grande oportunidade. Em seu livro *Oportunidades disfarçadas*,[10] Carlos Domingos cita mais de uma centena de soluções originadas de pequenos obstáculos ou mesmo de grandes tragédias e reforça que "a solução pode estar a um problema de distância de você". Quem não se lembra daquele ditado que diz "Se a vida lhe der um limão, faça dele uma limonada"?

Hoje, praticamente todo cidadão tem acesso a dispositivos eletrônicos portáteis, podendo contribuir na operação de um mercado muito veloz e competitivo. Evoluímos no uso da tecnologia – principalmente da informação – e redirecionamos o papel de protagonista dessa jornada, que antes era das grandes empresas, para os indivíduos. As grandes empresas, que detinham o poder de ditar tendências, precisam hoje correr para estar próximas de seus clientes, nos formatos e no momento em que eles desejam, e passar a mensagem adequada. O mesmo acontece com pequenos comerciantes e empresários – com o agravante de enfrentarem mais burocracia para se adaptar à velocidade das demandas. Se todos podem ter a mesma viabilidade e acesso às inovações de mercado, quem oferecer a melhor informação e o melhor processo ao cliente será o protagonista.

O importante neste momento é não encarar as novas dificuldades estabelecidas pelo mercado como problemas para seu negócio, mas sim como janelas para criar formas de encantar seus clientes. Isso permitirá que você prospere, tratando a informação e a expectativa dos clientes da melhor forma, ou seja, entregar informação pertinente na hora e no formato certo, ofertar produtos que sejam relevantes às expectativas do cliente e entregar conteúdos pertinentes ao desejo.

Eventos, dificuldades e oportunidades sempre existiram, e a boa notícia é que podemos, sim, aprender muito com a história. A famosa afirmação "*History doesn't repeat itself, but it often rhymes*" ("A história não se repete, mas muitas vezes rima"), atribuída ao famoso escritor norte-americano Mark Twain, enfatiza que a história pode nos ensinar a qualquer tempo.

Se voltarmos ao início da década de 1900, poderemos não apenas entender todos os fatos ocorridos à época, mas também suas relações. Esses episódios poderiam servir de base comportamental para empresários que estão vivenciando grandes desafios e mudanças no mercado, momentos muito complexos, em que várias passagens históricas poderiam ajudar a vencer.

Pegue como exemplo a famosa foto que mostra a Quinta Avenida, em Nova York, por volta de 1900,[11] repleta de charretes movidas a cavalos – o transporte mais utilizado na época. Se você reparar com atenção, perceberá que há um meio de transporte diferente: o protótipo do veículo movido a motor.

Naquela época, as charretes predominavam, e a ideia de que essa situação poderia mudar era altamente improvável. Mas, passados alguns anos, os veículos automotores começaram a ganhar força e em pouco tempo modificaram a forma de deslocamento nos Estados Unidos.

Há uma segunda foto,[12] tirada no mesmo local cerca de treze anos depois, que mostra um cenário completamente diferente, em que o meio de transporte predominante são os veículos automotores. Note que há apenas uma charrete.

Da mesma forma que a sociedade resistiu a aceitar que os meios de transporte poderiam mudar radicalmente, como explica o livro[13] *Cars Early and Vintage*, de Nick Georgano, o projeto do primeiro veículo automotor, criado pelo engenheiro alemão Karl Benz, também foi muito rejeitado. A sociedade o via como inadequado quando comparado aos meios de transporte da época. Mas, poucos anos depois, a invenção passou a ser produzida em grande escala pela Ford, nos Estados Unidos, e mostrou que a evolução era vital para a sociedade.

Em pouco tempo, os automóveis passaram a ser o meio de transporte predominante, motivando, inclusive, uma grande revolução na linha de produção da época, baseada no modelo criado e adotado por Henry Ford.

Assim, compartilho aqui meu pensamento de que sempre devemos analisar os fatos de vários ângulos. No caso do surgimento do automóvel, a sociedade julgou negativamente uma eventual mudança assim que ela surgiu, sem considerar os possíveis benefícios que poderia trazer. Se essa análise fosse mais ampla, seus benefícios poderiam ter sido reconhecidos mais depressa. Mas nós somos assim. Temos preconceitos e opiniões que acabam nos impedindo de enxergar algo que pode ser uma forte tendência. Quantas empresas conhecidas deixaram de existir simplesmente por não identificar ou não aceitar as novas formas de operar em seus mercados? Empresas líderes em seus segmentos, como Kodak e a Blockbuster, são exemplos disso.

Kodak:[14] essa lendária empresa do mundo da fotografia nasceu em Rochester, nos Estados Unidos, em 1880. Praticamente durante todo o século XX foi a grande líder do mercado fotográfico, sendo a principal fornecedora de filmes fotográficos, que eram o repositório analógico das fotos "tiradas" naquele período. Sua estratégia, durante décadas, foi controlar toda a cadeia do segmento fotográfico, comercializando câmeras e filmes e controlando as lojas responsáveis pela revelação das fotos. Por volta de 1975, um de seus engenheiros, Steven Sasson, criou o que se tornaria a primeira câmera digital. O projeto foi evoluindo até que, em 1989, ele e Robert Hills criaram a primeira câmera DSLR (que permitia o salvamento das imagens em um cartão de memória). O produto era de fato revolucionário para o mercado. Quando os dois apresentaram essa inovação aos gestores da empresa optaram por não lançá-la, para não canibalizar o mercado de filmes analógicos, até então o negócio milionário da Kodak. Dessa forma, o grande erro da empresa, como você deve ter percebido, foi focar no processo, na então situação confortável, e não no consumidor e nos seus desejos, por exemplo. Quando a empresa se deu conta, já não havia mais caminho para ser protagonista no novo mercado. Um aspecto mais impactante ainda, ao contrário do que muitos pensam, apesar de se recusar a fabricá-las por muito tempo, a Kodak não ignorou o contexto da nova tecnologia que chegava ao mercado, a das câmeras digitais. Ela ganhou muito dinheiro com a patente da nova tecnologia que criou até por volta de 2007, quando o registro expirou e então a realidade se tornou muito mais dura para a empresa.

Blockbuster: foi a maior rede de locadoras de vídeos de filmes e videogames do mundo. Criada em 1985 em Englewood, nos Estados Unidos, ela chegou a ter mais de 9 mil lojas abertas em 2004. No início deste século uma nova empresa, com foco no setor de aluguel de filmes, a Netflix, passou a oferecer um novo modelo de relacionamento com os clientes, baseado na possibilidade de escolha dos filmes pela internet e em seu recebimento pelo Correio. Além disso, em outra disrupção do modelo, não estabelecia multas por atraso na entrega, entre outros aspectos relacionados. Nessa época, acredite, a Netflix foi oferecida como opção de compra à Blockbuster por módicos 50 milhões de dólares, mas a empresa recusou a oferta, por achar que o modelo não seria implementado da forma proposta pela Netflix e para não perder grande parte da receita, que era oriunda exatamente das taxas cobradas pelos atrasos.[15] Anos depois, a Blockbuster decretaria falência e a Netflix passaria a ser não apenas uma referência na indústria do entretenimento, como também a marca mais valiosa desse meio em março de 2020.[16]

Em uma passagem de seu livro *Think Again*,[17] Adam Grant mostra um entendimento muito similar ao que descrevo. Em sua visão, quanto mais um profissional se aprofunda no mercado em que atua, menos consegue enxergar a evolução desse nicho, pois é dominado por conceitos preestabelecidos – ou seja, por preconceitos.

Para demonstrar que temos preconceitos que influenciam nossa forma de pensar, inclusive em cálculos básicos de matemática, sugiro que façamos um exercício: imagine que você decidiu começar a praticar tênis. Rapidamente, você se dirige a uma loja de produtos esportivos. Lá, logo encontra um kit para iniciantes, composto de uma bolinha e uma raquete, por 110 reais. No entanto, você não gosta da bolinha do kit e procura um atendente para saber seu preço e subtraí-lo do total. O atendente diz que a raquete custa 100 reais a mais que a bolinha e deixa a seu critério levar o kit ou apenas um dos itens. Pergunta: qual é o valor da bolinha?

Se você respondeu 10 reais – o que a maioria das pessoas diria –, errou. Se o kit com uma raquete e uma bolinha custa 110 reais e apenas a raquete custa 100 reais a mais que a bolinha, o preço da raquete é 105 reais e o da bolinha, 5 reais, totalizando 110 reais.

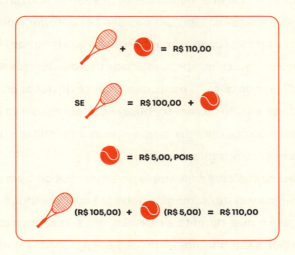

Como a matemática básica é algo usual para a maioria de nós e temos, de alguma forma, vários conceitos predefinidos de cálculo e interpretação de textos, acabamos não atentando aos detalhes e adiantamos conclusões mesmo possuindo as informações básicas.

Muitas vezes, optamos por economizar energia pensando menos, seja para satisfazer o desejo do cérebro, seja por não querer enfrentar a mudança como ela se apresenta. Traçando um paralelo com o caso da Blockbuster, por exemplo, vemos que não era importante valorizar o que a empresa pensava sobre seu processo ou oferta (ações que a levaram a um posto de liderança global), mas, sim, priorizar o que os consumidores desejavam e suas reais necessidades ou interesses, pois nas últimas décadas a grande mudança que houve no mercado foi que os consumidores passaram a ter um papel mais claro de protagonistas, até em razão dos aprendizados que algumas empresas tiveram com seus erros.

O que ocorre é que muitas vezes, quando conduzimos nossos negócios ou nossa carreira com sucesso por determinado período, passamos a ter mais conhecimento sobre o que fazemos – o que nos deixa seguros – e, assim, a probabilidade de cometermos equívocos é maior. O grande desafio para quem quer se destacar no mercado é desafiar-se a todo momento, buscando ter uma visão mais ampla, distante do seu dia a dia, para evitar as armadilhas a que nosso comportamento nos direciona.

Farei uma analogia mais ampla para que você compreenda esse ponto com mais clareza. Imagine que você me convidou para jantar em sua casa e que, durante a refeição, me serviu um excepcional vinho da Serra Gaúcha, um vinho que era novidade no mercado e que você conheceu por intermédio de amigos que moram na região. Como eu adorei o vinho, tirei uma foto da garrafa para poder comprá-la em outro momento.

Cerca de trinta dias depois, eu estava caminhando pelo supermercado e deparei com uma promoção daquele vinho. Como o preço estava em conta, 35 reais, comprei duas garrafas. Em casa, comentei o assunto com minha esposa e decidimos abrir uma delas.

Passados seis meses, estava eu caminhando novamente pelo supermercado quando encontrei o mesmo vinho à venda, mas agora em um local mais reservado e exposto com certo luxo. Curioso, fui verificar o preço. Fiquei pasmo! Uma garrafa do mesmo vinho, da mesma safra, estava custando quase 715 reais. "Mas como?", pensei. Foi então que, ao lado das garrafas, vi algumas fotos da premiação ao enólogo que desenvolvera a safra do vinho em questão, que havia recebido notas altíssimas de grandes críticos estrangeiros.

Ao chegar em casa, contei o fato a minha esposa, e ela, surpresa, questionou o que eu faria com a garrafa que ainda estava fechada. Pensei, então, nas alternativas que eu tinha. Na minha visão, eram três as opções:

1. Fazer um belo jantar e desfrutar aquele vinho que tivera uma grande valorização;
2. Guardar o vinho em local adequado para, quem sabe, um dia desfrutá-lo, pois agora era uma bebida com alto valor de mercado;
3. Correr para vender a garrafa a quem busca vinhos desse estilo e obter um alto retorno financeiro.

O que você faria no meu lugar? Provavelmente, como a maioria das pessoas, você escolheu a segunda alternativa, ou seja, guardaria esse vinho de alto valor. Certo? Vamos a outro exemplo.

Imagine-se jantando em um bom restaurante. Ao escolher o prato, você acha adequado acompanhá-lo de um bom vinho. Examina o menu e encontra um por 780 reais. Você o compraria? Provavelmente não.

Assim são as empresas e os profissionais de sucesso. Prendem-se aos motivos, processos, estruturas e conquistas que os levaram até ali e acabam não buscando realizar novos movimentos e leituras que poderiam trazer conquistas e novas formas de fazer a empresa prosperar.

Se você é empresário ou funcionário, certamente deve ter se questionado, no decorrer da leitura, se não está cometendo algum equívoco na forma como tem agido ou se proposto a inovar. Se isso aconteceu, muito bem! É importante perceber que precisamos ajustar nosso mindset para compreender a mensagem do livro de Marshall Goldsmith: "O que nos trouxe até aqui poderá não ser mais suficiente para nos levar adiante".[18]

Com tantas mudanças comportamentais acontecendo na sociedade, em grande parte devido às revoluções tecnológicas e à democratização do acesso à informação, você deve estar se perguntando quão complexo e cheio de dificuldades é o caminho para prosperar nos dias atuais. E você está certo em fazer esse questionamento, pois nunca vivemos uma evolução tão grande como nos últimos anos, sobretudo no que se refere às mudanças culturais e empresariais e à forma como nos comunicamos, acessamos informação e nos desafiamos.

A história também mostra, porém, que é nos momentos de dificuldade que podemos prosperar, pois essas são ocasiões repletas de oportunidades para quem conseguir mudar sua forma de analisar, sem se prender a conquistas passadas.

Os conflitos históricos como fonte de aprendizado

Em julho de 1914, teve início, na Europa, a Primeira Guerra Mundial.[19] A Guerra das Guerras, como ficou conhecida, só terminaria em novembro de 1918. Participaram do conflito as maiores potências da época, que se organizaram em duas alianças opostas: a Tríplice Aliança, formada por Alemanha, Império Austro-Húngaro e Itália, e a Tríplice Entente, composta de França, Reino Unido e Rússia. Mais de 70 milhões de militares, 60 milhões deles europeus, lutaram nessa que foi uma das maiores guerras da história recente. Cabe observar que a morte de mais de 9 milhões de soldados ocorreu principalmente em razão do avanço tecnológico dos armamentos, que ganharam alto poder letal. Em contrapartida, não houve uma evolução à altura nos equipamentos de proteção ou naqueles destinados à mobilidade das tropas.

Após o fim da Primeira Guerra, teve início um período muito relevante para o crescimento da economia dos Estados Unidos: a década dos *Golden Twenties*,[20] caracterizada pela ascensão dos Estados Unidos no suporte e no fornecimento de bens e serviços às nações em reconstrução, sobretudo na Europa Ocidental, e a outros países desenvolvidos.[21]

Em termos econômicos, os Estados Unidos conseguiram superar com sucesso o período da guerra e, ao se encerrar o conflito, tiveram uma prosperidade sem igual. Pelo fato de sua economia interna ser focada no consumismo e por possuir indústrias baseadas, com grande êxito, na produção em massa, o país se tornou o mais rico do mundo, com a maior renda *per capita*.

Para se ter uma ideia de quão relevantes os Estados Unidos eram economicamente, o país era responsável por 42% das mercadorias produzidas em todo o mundo. Eles também eram os maiores credores do globo e emprestavam vultosas somas em dinheiro às nações europeias em processo de reconstrução. No quesito importação, compravam 40% das matérias-primas produzidas pelos quinze maiores países exportadores do mundo.

No fim dessa década, no entanto, ocorreu a Grande Depressão, também conhecida como Crise de 1929, que se caracterizou por uma grande recessão econômica, principalmente nos Estados Unidos, minando o capitalismo internacional. A superprodução e as especulações no mercado financeiro levaram à decadência do liberalismo econômico.

Além de vários motivos internos, como a alavancagem da economia por meio dos empréstimos e do consumo exacerbado, outros fatores contribuíram para o colapso do liberalismo norte-americano. Um deles foi a situação da Europa, que, desde 1918, focava em sua recuperação pós-guerra e, em 1929, já dava fortes sinais de redução de compras de bens produzidos pelos Estados Unidos.

Nesse cenário de crise econômica, o dia 24 de outubro de 1929 ficou conhecido como "quinta-feira negra". Somente nesse dia, mais de 10 milhões de ações da Bolsa de Valores de Nova York foram colocadas à venda, descontrolando completamente o mercado financeiro. Em poucos dias, a economia dos Estados Unidos despencou a ponto de "quebrar" – evento que ficou conhecido como o *crash* da Bolsa de Valores de Nova York.

Naquela época, o Brasil vivia um momento muito positivo em razão da exportação de café, mas a grande crise deflagrada nos Estados Unidos logo foi sentida por aqui, devido aos prejuízos do sistema financeiro internacional e à forte redução do consumo global. O Brasil foi severamente impactado, pois já era dependente das exportações de produtos agrícolas. Em 1929, o café era o grande protagonista de nossa economia, chegando a representar 70% das exportações brasileiras, e nossos maiores compradores eram justamente os Estados Unidos. Resultado: de uma hora para outra, o Brasil ficou sem comprador para seu café.

Com o descompasso entre oferta e demanda, o Instituto do Café de São Paulo recorreu à compra do café estocado. Em 1931, o governo brasileiro se viu obrigado a comprar milhares de sacas de café e queimá-las, eliminando assim os grandes estoques para diminuir a oferta e aumentar o preço internacional.

Eis que, no meio dessa confusão toda, algumas empresas buscaram alternativas para voltar a prosperar. Um bom exemplo disso foi a Nestlé, que, diante da falta de mercado para a venda de café, começou a desenvolver, em 1931, o café solúvel. Sete anos depois, em 1938, foi lançado o Nescafé. Com uma linha de produtos presente em mais de 120 países, a Nescafé é considerada, hoje, a maior marca de café do mundo.

Eu poderia enumerar dezenas de produtos e soluções criados durante períodos extremamente difíceis como as grandes guerras, pois essas épocas sempre propiciam grandes invenções.[22] Mas vou citar apenas mais três produtos que surgiram em decorrência de cenários conflituosos.

Fita adesiva

A fita adesiva foi criada, em 1943, por Vesta Stoudt, que trabalhava em uma fábrica de munições em Illinois, nos Estados Unidos, durante a Segunda Guerra Mundial. Constatando que as caixas de munição eram muito difíceis de ser abertas em razão do alto controle de segurança, Vesta percebeu que isso poderia pôr em risco os soldados que precisassem abri-las com rapidez nos campos de batalha. Assim, teve a ideia de criar uma fita adesiva que, ao mesmo tempo que vedava bem as caixas, se soltava com facilidade.

Absorvente íntimo

Foi uma das invenções mais geniais proporcionadas por épocas de guerra. Durante a Primeira Guerra Mundial, a empresa Kimberly-Clark passou a produzir em grande escala material de enchimento para curativos cirúrgicos. As enfermeiras da Cruz Vermelha que estavam cuidando dos feridos nos campos de batalha se deram conta da possível utilidade daquele produto também na higiene íntima. Poucos anos depois, chegou às lojas americanas o primeiro absorvente íntimo da história, batizado de Kotex (junção das palavras inglesas *cotton*, algodão, e *texture*, textura).[23]

M&M's

Os M&M's foram criados na década de 1930, durante a Guerra Civil Espanhola. Naquela época, o norte-americano Forrest Mars desenvolveu confeitos que protegiam os chocolates do calor, impedindo que se derretessem e possibilitando seu consumo pelos soldados nos campos de batalha. Na década de 1940, eles voltaram a fazer sucesso durante a Segunda Guerra Mundial, sendo, inclusive, parte integrante da alimentação diária dos soldados.

Todos esses exemplos só confirmam que, independentemente dos acontecimentos e dos desafios, os eventos históricos mostram que as organizações são surpreendidas por novos padrões e formas de atuação, mas também propiciam oportunidades de desenvolvimento de produtos para responder a novas demandas. Portanto, qualquer organização que permanecer por muito tempo sem se desafiar poderá acabar seguindo o mesmo caminho da safra de café que precisou ser queimada por falta de compradores.

E você, vai esperar uma guerra para inovar sua forma de atuar?

3

RECONHEÇA O PROTAGONISMO DA NOVA SOCIEDADE

"Não se compare com ninguém neste mundo... Se você fizer isso, estará se insultando." – Bill Gates[1]

Provavelmente você já ouviu falar do escritor, autointitulado otimista, Simon Sinek, um dos grandes pensadores modernos. Sua primeira fala que ganhou destaque mundial ocorreu em um evento do TEDx (programa sem fins lucrativos destinado à disseminação de ideias),[2] na cidade de Newcastle, Washington, em 2009, e abordou o conceito do *Golden Circle* (círculo dourado), que é parte de seu livro best-seller *Comece pelo porquê*.[3]

O *Golden Circle* é um método que visa ajudar empresários a encontrar o propósito de seus negócios para gerar um posicionamento de alto impacto no mercado. Utilizando-se de três questões centrais ("por quê", "como" e "o quê", nessa ordem), a teoria apresenta tópicos sobre criação de valor, engajamento de públicos e inspiração de pessoas.

Por mais simples que possa parecer, essa teoria tem um grande impacto nas organizações e na forma de elas conduzirem seus negócios. No livro *Comece pelo porquê*, Sinek explica que devemos pensar, comunicar e agir sempre da parte interna para a externa. Primeiro devemos identificar e estruturar nossa forma de conduzir os negócios com base em um propósito (**por quê**) para, somente então, evoluir para **como** fazer e **o quê** fazer.

Essa teoria se tornou tão relevante para o mundo dos negócios que a palestra de Sinek no TEDx foi a mais vista no mundo, atingindo mais de 54 milhões de visualizações apenas no canal oficial. Podemos concluir, portanto, que a teoria do *Golden Circle* reflete um dos mindsets mais alinhados ao desejo das empresas de ter uma visão diferente da usual.

Um exemplo que ajuda a contextualizar a teoria do *Golden Circle* é pensar na opinião das pessoas a respeito dos chocolates da Cacau Show. A maioria os associa a chocolates finos, um produto *gourmet*. Mas, na verdade, essa é apenas a forma como identificamos o posicionamento da empresa. Já o propósito é bem maior: é o que faz as pessoas se decidirem pela compra dos produtos dessa marca. Vale citar que a Cacau Show é uma empresa de destaque em seu segmento. A marca foi criada por Alexandre Costa, um dos grandes empresários protagonistas de nossa sociedade atualmente tanto em termos de valores e propósito como de realizações e visão.

Se analisarmos a missão da empresa, "proporcionar experiências memoráveis e excelência em produtos e serviços",[4] poderemos concluir que a experiência é a base do propósito da Cacau Show, sendo superior até mesmo à qualidade altamente reconhecida dos produtos da marca.

É importante destacar que grande parte dos consumidores não necessariamente compra um produto da Cacau Show apenas pelo sabor, mas, também pelo conceito e pela experiência. Esta marca é referência quando o objetivo é presentear alguém querido como forma de reconhecimento – seja seu companheiro, sua mãe ou seu pai –, em datas comerciais. Este porquê do sucesso é mais forte do que o produto em si, trazendo atributos isolados.

A verdade é que, com um mindset diferente do usual, a sociedade tem evoluído de uma maneira nunca vista. Antigamente, demorávamos décadas para conquistar o mercado, para evoluir em termos de tecnologia, produtividade e acesso às informações; hoje, essa evolução acontece em poucas semanas ou meses.

Um exemplo disso é o setor bancário. O Banco do Brasil, uma das maiores instituições financeiras da América Latina, foi fundado em 1808.[5] Guarde essa informação.

Em 2013 nasceu uma *fintech* também brasileira chamada Nubank,[6] comercializando um produto oferecido por todos os bancos e gerido como *commodity*: o cartão de crédito. Seu novo mindset de operação, que tinha como propósito combater a baixa bancarização no país, trazendo opções mais acessíveis e desburocratizadas, gerou uma grande disrupção na maneira como o mercado tratava um de seus principais produtos, e, menos de quatro anos após sua fundação, o Nubank já era considerado uma startup unicórnio – nome dado às empresas com valor de mercado superior a 1 bilhão de dólares. Mas o fator fundamental para seu crescimento vertiginoso foi a forma de se relacionar com os clientes. Desde o início de suas operações, a *fintech* adotou um modelo de atendimento personalizado e humanizado, buscando tratar seus clientes da forma mais transparente, amigável e descontraída possível, enfim, descomplicando esse relacionamento – o que foge completamente do modelo sistêmico e burocrático praticado pela maioria das instituições bancárias.

Em 2021,[7] apenas oito anos após sua fundação, o Nubank passou a valer mais que o célebre e antigo Banco do Brasil, apesar de ter um portfólio de produtos reduzido em comparação com o de outros bancos. Podemos concluir que o fator de sucesso dessa *fintech* foi, sem dúvida, seu novo mindset de estrutura e operação junto aos clientes.

Como observam Simon Sinek e dezenas de outros autores de obras que enfocam o novo modelo de sociedade, as boas ideias, alinhadas às expectativas dos consumidores, se tornam em pouco tempo protagonistas de mercado.

Esse novo mindset de que estou falando sempre esteve presente na vida de grandes personalidades dos negócios, dos esportes e da sociedade como um todo. Exemplo disso é a história de vida de pessoas como Guilherme Benchimol, fundador da XP Investimentos, Michael Jordan, um dos maiores jogadores da NBA, e Michael Phelps, campeão de natação e recordista de medalhas de ouro em Jogos Olímpicos. Uns mais famosos que outros, mas, acima de tudo, pessoas que buscaram se enfrentar, se desafiar e que não aceitaram viver na média.

Gostaria de compartilhar com vocês um pouco da história de vida de duas pessoas que foram muito importantes para a sociedade e que também servirão de inspiração e de fonte de ensinamentos para seu mindset. Essas histórias trazem não apenas pontos-chave de superação, mas, fundamentalmente, formas de buscar o diferente e o único para obter o sucesso. Estou falando de Ole K. Christiansen e Roald Amundsen.

Ole K. Christiansen

Ole K. Christiansen[8] foi o décimo filho de uma família de agricultores de Filskov, condado de South Jutland, na Dinamarca. Em 1905, aos 14 anos, começou a trabalhar para um irmão como aprendiz. Em 1911, deixou a Dinamarca para trabalhar como carpinteiro na Alemanha por cinco anos.

Em 1916, Christiansen voltou à Dinamarca e usou suas economias para comprar uma carpintaria, a The Billund Carpentry Shop and Lumberyard (Carpintaria e Madeireira Billund). Nessa mesma época, casou-se com Kirstine Sorensen, filha de uma queijeira norueguesa. O casal teve quatro filhos: Johannes, Karl, Godtfred e Gerhardt. Kirstine faleceu após o nascimento do quarto filho, e Ole teve de criar as crianças sozinho. Em 1924, Karl e Godtfred, brincando com algumas lascas de madeira, acidentalmente incendiaram a carpintaria e também a casa em que moravam.

Mesmo com todos esses percalços, Christiansen retomou seu projeto de carpintaria. No entanto, em razão da crise de 1929, não havia clientes dispostos a comprar os móveis que ele fabricava. Foi então que notou que, mesmo sem dinheiro, os pais não deixavam de comprar brinquedos para seus filhos e resolveu redirecionar o foco de seu negócio: passou a fabricar brinquedos de madeira. E foi assim que nasceu, em 1932, a famosa marca Lego (nome que surgiu da fusão das palavras *leg* e *godt* e que significa "brincar bem". E, acredite, por coincidência, lego, em latim, é "montar").

Embora as peças de montar não tenham sido criadas originalmente pela Lego, Ole deu aos blocos sua definição atual. A principal inovação para forjar o "sistema Lego de blocos" foi colocar pequenos tubos dentro de cada peça, o que permitiu que elas se encaixassem perfeitamente. Com isso, grandes peças e estruturas puderam ser criadas. Por muitos anos, talvez décadas, a família de Ole Christiansen deteve a patente sobre a forma dos bloquinhos coloridos, que só prosperou graças à persistência e à determinação de Ole. Bem, o restante da história de sucesso da Lego todos conhecem.

Roald Amundsen

O norueguês Roald Amundsen[9] nasceu em 1872, em uma família de marinheiros e proprietários de navios. Desde muito jovem, desejava explorar locais desconhecidos. Aos 16 anos, já estudava com afinco as características das regiões polares. Amundsen chegou a cursar medicina, mas abandonou sua formação para se dedicar apenas à exploração e ao mar.

Aos 25 anos, em 1897, participou, ainda como tripulante, da expedição Antártica Belga, liderada por Adrien de Gerlache. Por volta de 1903, deu início a uma expedição para atravessar a Passagem do Noroeste, que liga os oceanos Pacífico e Atlântico na região do Canadá.

Em 1911, Amundsen liderou uma nova expedição, agora com o objetivo de ser o pioneiro a chegar ao Polo Sul. Na mesma época, outra expedição, comandada pelo inglês Robert Falcon Scott, um oficial muito experiente da Marinha Real Britânica e explorador que já havia liderado outra expedição à Antártida, também se preparava para explorar esse destino.

O fim da história quase todos conhecem. Amundsen e seu grupo chegaram ao tão sonhado Polo Sul em 14 de dezembro de 1911, cerca de cinco semanas antes da expedição de Robert Falcon Scott, e conseguiram regressar sãos e salvos. Posteriormente, souberam que Scott e seu grupo tinham morrido durante a viagem de volta.

O que diferenciou as duas expedições, fazendo com que uma tivesse sucesso em sua empreitada e a outra nem sequer conseguisse retornar?

Em linhas gerais, o grupo liderado por Amundsen fez uma preparação fora dos padrões, com um planejamento focado no resultado e, acima de tudo, sem romantismos nem premissas baseadas em um ambiente estável. Caso queira saber mais sobre os bastidores dessa corrida ao Polo Sul, recomendo o livro *O último lugar da terra*, do jornalista britânico Roland Huntford.[10]

Amundsen passou a juventude sonhando com o Polo Norte e ficou dez anos planejando sua grande viagem. Perto da tão esperada data de partida, soube que o explorador Robert Peary havia conquistado a mesma meta. Objetivo e sem vitimismo, Amundsen reviu seus planos: já que não seria mais o primeiro a pisar no Polo Norte, iria para o Polo Sul, local ainda não explorado.

Ao contrário de Amundsen, Robert Falcon Scott era um líder romântico, que valorizava o status e o reconhecimento, entre outros fatores. Capitão da Marinha Real Britânica, ele via na exploração polar uma aposta certa para sua promoção a almirante. Como não tinha apreço pela guerra, na verdade a detestava, tornou-se explorador da Royal Geographical Society (órgão britânico que mapeara metade do mundo).[11]

Cada tripulação adotou rotas, equipamentos e premissas totalmente diferentes. Quando chegou à Antártida, além da tripulação, com mais de trinta homens escolhidos entre mais de 8 mil voluntários, o capitão Scott tinha à disposição 33 cães e dezessete pôneis. Scott ainda contava com uma grande novidade tecnológica, um suporte de três tratores que eram movidos a diesel.

Já Amundsen, influenciado por sua experiência pregressa com os povos nativos do Canadá, utilizou apenas cães, esquis, trenós – que ele sabia que teriam um bom desempenho – e algumas roupas de pele dos inuítes (habitantes da gélida região ártica entre o Alasca e a Groenlândia).

Os trenós motorizados de Scott não funcionaram. Os pôneis, que não comem carne e afundam na neve, foram os principais responsáveis pelo atraso e pela dificuldade do grupo na partida para o Polo Sul, tornando a jornada de regresso, em meio a temperaturas de até 40 graus negativos, ainda mais difícil. Além disso, os ingleses levaram apenas a quantidade necessária de alimentos e combustível, sem prever eventuais atrasos e contratempos.

O capitão Scott e os tripulantes de sua expedição não resistiriam à viagem de volta em razão da combinação fatal de exaustão, fome e frio extremo. Nas anotações feitas em seu diário, Scott culpou o mau tempo pelo fracasso.

As histórias de vida do capitão Scott e de Amundsen mostram claramente que seus mindsets eram muito diferentes. Scott era mais comedido e romântico em relação ao cenário da expedição; já Amundsen tinha pensamentos arrojados, inovadores e, acima de tudo, baseados fortemente em um propósito claro e sólido. E isso fez toda a diferença.

A mudança do mindset de atuação

Não podemos negar que o momento atual traz muitos desafios e oportunidades, e podemos identificá-los de maneira até mais fácil do que o fundador da Lego ou o primeiro a chegar ao Polo Sul, pois vemos que a sociedade sempre age com um comportamento tradicional, o que traz, quando necessário, a oportunidade de buscarmos o novo e mudarmos nosso mindset de atuação.

Nesse contexto, você deve ter notado que, nos últimos cinco anos, o desemprego em razão da digitalização das empresas foi um tema muito explorado pela mídia.[12] Se analisarmos capas de revistas norte-americanas, europeias e brasileiras, identificaremos várias abordagens sobre esse assunto, bem como sobre o novo modelo de trabalho e os medos ou impactos sociais associados a ele.

Revistas como a *Briarpatch*,[13] a *Time*[14] e a *Visão*[15] já trouxeram o tema estampado em suas capas, com os títulos "*It's the end of work as we know it – and I feel fine*" (É o fim do trabalho como nós conhecemos, e eu me sinto bem, em tradução livre), "*Where the new jobs are*" (Onde estão os novos empregos, em tradução livre) e "O futuro dos empregos", respectivamente.

Quando sou questionado sobre esse tema, procuro sempre enfatizar que ao longo dos anos centenas de profissões deixaram de existir, mas sempre surgiram novos modelos de negócio para suprir esses mercados. Podemos citar os antigos cortadores de gelo, que, até o início de 1900, tinham de morar em locais muito frios e esperar o inverno para ir aos lagos cortar gelo para vender. Naquela época, o pensamento de quem geria ou trabalhava nesse mercado era expandir o número de trabalhadores, de cavalos para o transporte ou afiar mais as serras para o corte. Alguns anos depois, porém, surgiu uma nova forma de fazer gelo: congelando a água em um equipamento industrial. Assim, não se dependia mais do clima, da localização geográfica e de questões sazonais, o que tornava o crescimento desse negócio exponencial. Mas, novamente, após alguns anos, em 1927, esse modelo também foi desafiado, desta vez pelo surgimento do refrigerador doméstico, o que aposentou de vez os cortadores e entregadores de gelo, criando uma nova categoria de trabalhador.

Eu poderia citar inúmeros outros exemplos, mas o ponto central é que a história novamente nos traz fatos e contextos em que o *statu quo* é desafiado, transformando e aprimorando nossa forma pensar e de atuar.

Voltando ao exemplo dos cortadores de gelo, esses profissionais poderiam ter mudado sua forma de pensar sobre sua atividade-fim, entendendo que "cortar gelo para vender às pessoas" não era o produto final ("o quê", no *Golden Circle*), mas, sim, "oferecer aos clientes meios de preservar os alimentos" ("por quê", no *Golden Circle*). Essa mudança de mindset é o grande desafio.

Essa falta de visão, ou comportamento comum, é o que mais tem ocorrido ao longo dos anos com empresários e profissionais de todo o mundo. Os cortadores de gelo não se tornaram os empresários que vendiam gelo em grande escala, muito menos os que criaram os refrigeradores domésticos, assim como os taxistas não se tornaram motoristas por aplicativo e as locadoras não se tornaram *streamings* de vídeo. O fato é que as empresas acabam errando ao se definir com base no que fazem, e não no benefício que oferecem.

Um caso bem mais recente que podemos analisar é o grande destaque da Apple na categoria de dispositivos digitais e pessoais de áudio. Quando lançou o iPod, em 2001, a empresa provocou um grande abalo no mercado mundial[16] e, em poucos anos, criou outra categoria de produtos: a linha iPhone,[17] em 2007, que até hoje integra dispositivo de som, acesso à internet e telefone celular, sem falar em suas inúmeras outras funcionalidades.

Muitos comentam que o design do iPod foi seu grande diferencial. Sem dúvida esse fator foi fundamental para conquistar os consumidores, bem como para elevar o valor de mercado do produto, mas o maior impacto causado pelo iPod foi, na verdade, um item de sua composição: o *player* de áudio e vídeo iTunes.

Na época do lançamento do iTunes, já existiam diversos dispositivos similares carregados de músicas no formato MP3 para reprodução *off-line* (os MP3 *players*), mas esse modelo estava gerando um grande desconforto em toda a indústria fonográfica, pois na época a comercialização de músicas era feita apenas por meio de CDs e cabia ao consumidor transferir as faixas desejadas dos CDs para o dispositivo. O formato MP3 foi responsável por uma grande perda de receita para a indústria fonográfica, pois muitos consumidores passaram a baixar músicas de maneira ilícita, por meio da internet. A grande disrupção na indústria do entretenimento ocorreu, no entanto, quando o iTunes ofereceu a possibilidade de os consumidores poderem comprar apenas as músicas desejadas, e não mais o álbum do artista ou banda. Assim, houve a legalização dos *downloads* de músicas, que passaram a ocorrer de modo mais prático, desejável e, acima de tudo, alinhado com as expectativas dos consumidores.

Esse modelo foi muito bem até meados da década de 2010, quando empresas como Spotify, Deezer, SoundCloud, Amazon Music, Google Play Música e YouTube inauguraram uma categoria de mercado: o *streaming*. Por meio desse serviço, os consumidores passaram a ter acesso a um portfólio de músicas *on-line* por assinatura em vez de terem acesso vitalício às faixas. Com isso, o *streaming* se tornou o modelo de consumo de músicas mais desejado pelos consumidores. Atualmente, o Spotify é o serviço de *streaming* mais assinado no mundo, com mais de 30% de *market share*.[18]

Grande parte dessas disrupções não acontece com a chegada de uma grande novidade tecnológica, mas, sim, com melhorias em processos ligados à relação dos consumidores com um serviço ou produto, que tornam aquele item mais alinhado às expectativas de quem o consome.

Para que você tenha um parâmetro, voltarei à história da Kodak.[19] A empresa inovou em termos de pesquisa e desenvolvimento de novos produtos e ofertas ao criar a primeira máquina fotográfica digital, mas por vários motivos não impactou o mercado no qual era líder, permitindo que outra empresa assumisse a liderança.

Ao transpor esse conceito para o mercado nacional, posso citar a chegada de grandes *players* ao segmento de serviços, como Rappi, iFood e Uber Eats. Em geral, acredita-se que essas empresas foram responsáveis por uma grande disrupção no mercado, e, em parte, essa premissa está correta. Mas você já parou para analisar friamente o que, de fato, esses *players* focaram, executaram e aprimoraram para causar tanto impacto? Bem, embora fossem grandes catalisadoras de um mercado mais dinâmico e, principalmente, mais alinhado aos desejos e interesses dos consumidores, essas empresas, na verdade, só melhoraram uma pequena parte do processo.

Se analisarmos os casos de Rappi, iFood e Uber Eats, veremos que essas empresas inovaram apenas na relação com o consumidor, na forma de facilitar a busca por provedores de serviços e alimentos; e com o comerciante, ao possibilitar que ele atendesse mais clientes do que teria capacidade de captar sozinho. Em termos gerais, porém, elas trouxeram uma grande mudança na forma de se relacionar nesse nicho de mercado.

Outro mercado que posso citar é o da beleza. Para comprar um item de maquiagem, em geral as pessoas se deslocam até uma loja física a fim de testar cores, texturas, durabilidade do produto na pele etc.;[20] afinal, é muito raro alguém adquirir um produto desse tipo sem antes fazer uma prova – etapa fundamental na jornada do consumidor.

Pensando nisso, a norte-americana Birchbox inovou ao lançar um sistema de testagem de produtos em domicílio. O serviço consiste na assinatura de uma caixa com quatro a cinco amostras selecionadas de maquiagem e outros itens de beleza, para que os clientes possam testar e escolher os mais apropriados. Entre os produtos disponibilizados estão itens para a pele, perfumes, linhas orgânicas e cosméticos em geral. Note que a Birchbox se concentrou em apenas uma das etapas da jornada do consumidor – ofertar produtos de beleza sem que o cliente precise ir a uma loja – e conseguiu se tornar um dos grandes expoentes nesse mercado. Ao oferecer novas possibilidades, mudou, de maneira indireta, outras etapas da relação compra e venda.

Mas nem tudo são flores. O comportamento das empresas com mindset fora do usual, como as que citei, está pondo em risco as estratégias de grandes *players* que mantêm um direcionamento mais tradicional, pois pequenas melhorias em etapas da jornada podem modificar radicalmente o comportamento do consumidor e, é claro, refletir-se em outros pontos dessa cadeia.

O que esses exemplos mostram é que, para ter um papel de protagonistas em nossa sociedade atual, empresas, empresários e líderes precisam ter seu mindset alinhado ao conceito do *Golden Circle,* ou seja, seu propósito deve estar à frente de todas as demais variáveis. Somente assim poderão ser bem-sucedidos como os vários personagens descritos ao longo deste capítulo, que, além de não se acomodarem e sempre buscarem fugir da média, foram, sobretudo, pioneiros no uso de tecnologias e de novos métodos de relacionamento para alavancar seus produtos e serviços.

Poderia compartilhar muitos outros exemplos nessa linha, como a Tesla e o Airbnb, mas meu objetivo era mostrar que, se os líderes não direcionarem seus esforços ao "por quê" de sua atividade-fim, antes de priorizar o "quê" e o "como", e não tiverem um mindset dirigido ao uso das melhores tecnologias ou às novas formas de se relacionar com o mercado, não conseguirão atingir o protagonismo desejado. A disrupção dos mercados nunca chega do nada; ela vai se aproximando a passos lentos e impactando o todo com o tempo.

Peter Drucker, considerado o pai da Administração moderna e um dos mais reconhecidos pensadores dos efeitos da globalização na economia,[21] dizia que o mercado investia muito em TI, mas que a maior parte desses investimentos era no T (de tecnologia), deixando de lado, em muitos casos, o investimento no I (de informação).

Todos nós, consumidores (sim, mesmo que você seja um empresário ou um executivo, você também é um consumidor de produtos de várias outras empresas), passamos a receber um foco de relação, entrega, experiência e produtividade muito melhor do que tínhamos há décadas, o que permitiu que nosso protagonismo como cidadãos também seja exponencialmente maior, assim como o das empresas que nos possibilitam tais disrupções.

Com base nisso, reflita sobre duas questões: você já parou para pensar na jornada dos seus consumidores? Quais categorias de produto ou serviço você poderia fomentar para criar uma disrupção no mercado em que atua?

VAMOS FUGIR DA MÉDIA?

"Aprender é a única coisa de que a mente nunca se cansa, nunca tem medo e nunca se arrepende." - Leonardo da Vinci¹

Por volta do ano 1800, vivia em Bolton, na Inglaterra, um sapateiro chamado Joseph, conhecido por sua habilidade de confeccionar calçados com a melhor matéria-prima, aderência e conforto para os pés dos monarcas. Como Joseph era provavelmente o melhor sapateiro da região, sua remuneração era diferenciada, estima-se que girasse em torno de 33 xelins (ou *shillings*, em inglês – moeda que representava a vigésima parte da libra esterlina britânica) por par de sapatos confeccionado.

Durante a Primeira Revolução Industrial, grandes mudanças ocorreram na sociedade e nos meios de produção, afetando também os produtos acabados, mais conhecidos como bens de consumo. Em decorrência da transição do trabalho manual para o suportado por máquinas, não era mais necessário ter vários funcionários para executar algumas atividades, pois apenas um trabalhador era capaz de operar uma máquina para realizar o mesmo processo. Com isso, a remuneração dos operários foi muito reduzida.

Em 1815, o valor pago pela confecção de calçados havia caído para algo em torno de 14 xelins. Já por volta de 1834, esse valor foi ainda mais reduzido, para algo como 6 xelins, e essa situação se deu em todo o Reino Unido. As indústrias inglesas ajustaram suas jornadas de trabalho para até dezesseis horas diárias, com menos de trinta minutos para descanso, e os trabalhadores que não conseguiam cumprir essa jornada exaustiva eram substituídos.

Com a chegada da Segunda Revolução Industrial, foram criadas as grandes linhas de produção em que os trabalhadores atuavam lado a lado, uniformizados, executando diariamente as mesmas atividades, para confeccionar os produtos finais. Assim, a indústria evoluiu de maneira gigantesca, mas não os trabalhadores, que dia a dia repetiam as mesmas tarefas, sem nenhum tipo de personalização na jornada ou na forma de desempenho. Ou seja, o trabalho deveria ser executado na média esperada.

Agora, pense. Esse não é o mesmo modelo amplamente adotado pela maioria das escolas ao redor do mundo? Mesas e cadeiras enfileiradas, a lousa na parte da frente da sala, o professor sempre de pé, falando como as coisas são e deveriam ser e os alunos, sentados e apenas escutando. Até o horário do intervalo é precedido de um sinal sonoro parecido com o utilizado na indústria. A escola dos dias atuais é muito parecida com a de mais de cinquenta anos atrás. É um subproduto da época da Segunda Revolução Industrial, quando os estudantes eram preparados para atuar nas fábricas e recebiam todos o mesmo conteúdo e as mesmas informações no mesmo formato.

Assim, os estudantes não conseguiam nem poderiam pensar diferente, pois, para serem bem avaliados, deveriam responder o que era esperado pelo professor. Respostas diferentes ou mais criativas não eram aceitas, porque a forma de avaliação visava direcionar os alunos para a média. Prova disso são dois pensamentos que até há pouco tempo predominavam nas famílias brasileiras: "Se você estiver na média, terá um bom futuro na indústria" e "Se você estudar direitinho, com certeza terá uma boa profissão", como dizia minha mãe e, provavelmente, a sua também.

Nos últimos trinta anos, porém, ocorreu uma série de mudanças trazidas pela chamada Quarta Revolução Industrial,[2] caracterizada pela tendência à automação total das fábricas, pela maior digitalização e, acima de tudo, pelo aumento na velocidade de comunicação, permitindo ao trabalhador maior protagonismo em relação ao passado. Se antes se privilegiava a instituição, agora o processo é totalmente voltado para os indivíduos. Hoje, a inovação é direcionada primeiro para as pessoas, o que torna o ambiente corporativo muito mais complexo, imprevisível e, acima de tudo, descentralizado. O consumidor é o principal gerador de conteúdo para a sociedade, o que faz com que o acesso à informação seja mais democrático. Com mais de 6 bilhões de dispositivos móveis espalhados pelo mundo em 2021 (quase um para cada indivíduo),[3] passamos a ter 6 bilhões de produtores de conteúdo. Logo, o conteúdo que antes era criado e gerenciado pela mídia e pelas organizações é, hoje, acessível a todos.

Essa grande mudança cultural e tecnológica tornou a competitividade entre as empresas muito mais sensível, levando-as a focar a satisfação dos desejos e interesses dos indivíduos, e não mais das organizações apenas.

Pequenas empresas podem rapidamente compartilhar ideias, produtos, serviços e se tornar gigantes no mercado. Pessoas possuem milhões de seguidores e seus perfis na internet têm mais audiência que muitos meios de comunicação tradicionais, o que faz com que as empresas busquem adaptar-se aos novos formatos e canais de comunicação, de engajamento e de atenção aos consumidores. Muitas empresas que antes eram sólidas e estáveis hoje lutam para sobreviver nesse novo formato do mercado, sem falar nas que já deixaram de existir.

Certamente, o mundo de hoje é mais voltado à inteligência do que à digitalização, pois o que diferencia uma empresa não é estar digitalizada, mas sim como ela direciona as relações com os seus consumidores de maneira inteligente. Todas essas mudanças, porém, geram um grande desconforto também para muitas pessoas. Sabe por quê? Porque elas não lidam bem com mudanças em sua rotina. Como você se sentiria se chegasse ao seu local de trabalho e fosse surpreendido por uma mudança sobre a qual você não foi consultado? Certamente ficaria desconfortável. Imagine saber que seu chefe mudou, que a partir de agora você se sentará em outro lugar, que seu horário de trabalho foi alterado, que sua atividade-fim será outra, e assim por diante. Nós não lidamos bem com mudanças em nossos hábitos. Concorda?

Em algumas situações, porém, nossa reação às mudanças é diferente, como ao decidirmos mudar de casa, comprar um carro, fazer dieta, se inscrever em um curso, entre tantas coisas que definimos para nossa vida. Quando compartilhamos essas decisões com pessoas próximas, normalmente o fazemos com positividade. Logo, será mesmo que não gostamos de mudar? Vamos verificar por outro prisma, pelo aspecto biológico.

Relembrando o que afirmei no capítulo 1, nosso cérebro, em repouso, consome cerca de 30% da energia do corpo e, ao pensarmos, esse índice aumenta significativamente. Logo, pensar não é algo simples para nosso organismo, pois sair do modelo tradicional é também um esforço biológico. Nosso cérebro busca a todo instante tomar decisões da forma mais antecipada e previsível possível para economizar energia, direcionando-nos a ações no "piloto automático". Assim, pensar fora do esperado faz com que lutemos contra nosso organismo.

Outro ponto importante sobre a antecipação de decisões pelo cérebro é que, ao aprender conosco, ele vai criando atalhos e ganhando agilidade nas tomadas de decisão. Imagine que você, em uma linda manhã, seja acordado por seu parceiro, que o convida para tomar um café da manhã a dois na varanda. Você se levanta feliz e se senta à mesa. Em seguida, ele lhe serve um copo de suco de laranja e, no prato, um palmito pupunha grelhado sem tempero. Sim, isso mesmo.

Agora, faça uma pausa em seu julgamento e imagine algumas situações. A mais natural seria pensar: "Cadê os lindos ovos benedict?". Você poderia fazer essa pergunta ao seu parceiro, mas pensa que ele poderia ficar triste, então, em vez disso, abre um lindo sorriso e agradece pelo palmito pupunha, dizendo que adora comer palmito no café da manhã.

O grande problema aqui é que, ao pensar assim, você cria um padrão de comportamento que vai levar seu cérebro a entender que esse é o comportamento tradicional[4] e, como ele busca trabalhar mais com padrões predefinidos do que com decisões em tempo real, você acaba "ensinando" ao cérebro que aquela situação não é positiva.

Mas não se julgue por pensar assim. Nossa natureza também tem um viés negativo de pensamento, além de não querer gastar muita energia, pois ela cultiva o medo para nos proteger.

Agora, imagine que eu lhe apresente dois cenários: na situação A, você poderia ganhar 5 mil reais; na situação B, você poderia perder os mesmos 5 mil reais.

Qual delas faria você gastar mais energia ao se imaginar?

A maioria esmagadora das pessoas diria que o cenário B despertou mais atenção, pois, naturalmente, o medo, o negativo, nos afeta mais. Mas isso parece não ter muita lógica porque, na prática, estamos falando dos mesmos 5 mil reais, certo? Logo, as duas situações não teriam de ser igualmente percebidas?

A resposta é não porque, na verdade, esse pensamento vem de gerações passadas, há mais de 70 mil anos, quando nossos ancestrais tinham de ter medo para poder sobreviver aos perigos. O *Homo sapiens* era mais fraco, menos veloz, menor que muitos de seus predadores; logo, o risco era sempre iminente.

Se eu simplesmente substituir o dinheiro dos cenários acima por momento de felicidade e momento de risco, poderei considerar "comer à vontade" algo que traz felicidade, como ganhar os 5 mil reais, e julgar "risco de morrer" algo negativo, como perder os 5 mil reais. Sim, sei que parece incomparável, mas nosso cérebro reage dessa forma, faz esse tipo de comparação.

Assim, devido à herança histórica de comportamentos, o cérebro desenvolveu mais habilidade de focar o negativo naturalmente para nos proteger.

Como pensar de maneira negativa é o caminho mais simples para o cérebro, precisamos encontrar maneiras de controlar esse tipo de pensamento para evitar enxergar as coisas como impossíveis, ruins, e assim por diante. Voltando ao caso do café da manhã com seu parceiro, se você pensar negativamente e disser que gostou, ensinará ao cérebro que, em ocasiões como essa, ele deve mentir – afinal, ele sabe a verdade.

No entanto, você poderia fazer um esforço extra para tentar analisar a situação com positividade, sem mentir a si mesmo, dizendo algo como: "Nossa, não esperava palmito pela manhã, mas talvez eu possa gostar! Quem sabe ele não me deixa mais leve ao longo do dia e com mais energia!". Se você procurar agir assim, condicionará sua mente a pensar mais positiva do que negativamente em novas situações, criando um cenário mais promissor.

Em 2020, assisti a uma palestra de Paul Rulkens – especialista em alto desempenho estratégico – no TEDx[5] na qual ele cita uma pesquisa que revela que, em situações de muita dificuldade, mais de 97% das pessoas acabam executando a mesma ação diversas vezes ou desistem dela, mas menos de 3% buscam pensar e fazer diferente para superar aquele desafio.

Essa pesquisa resume muito bem todos os pontos que abordei até agora, pois, seja pelo modelo de ensino que tivemos, seja pelo tipo de gestão adotado pelas gerações passadas no mundo corporativo, seja por nosso comportamento biológico, fazer algo novo, repito, não é simples. Mas a boa notícia é que isso depende apenas de cada um de nós; afinal, todos temos a capacidade de liderar nossos pensamentos, comportamentos e ações.

Vou compartilhar agora a história de duas pessoas fora da média, que tiveram a positividade e a resiliência como seus principais pontos de superação. Se a maioria dos indivíduos deparasse com os desafios que elas enfrentaram, pensaria ser impossível superá-los. Mas não elas.

William Kamkwamba

Nascido no Malawi, na África, em uma família muito humilde que vivia da agricultura, William Kamkwamba foi forçado a parar de frequentar a escola ainda muito jovem, pois, além da fome, que praticamente o incapacitou, seus pais não tinham condições financeiras de pagar seus estudos. Para compensar esse fato, ele passou a frequentar a biblioteca da vila onde morava para buscar conhecimentos, e foi lá que descobriu sua paixão pela eletricidade.

Depois de ler um livro de ciências e aprender sozinho Física básica, Kamkwamba leu o livro *Using energy* ("Usando energia"), que, com os moinhos de vento de sua capa, o inspirou a construir uma turbina eólica. Utilizando sucata e um dínamo muito simples e de baixo custo, ele projetou e implementou um pequeno protótipo de moinho de vento capaz de fornecer energia a alguns eletrodomésticos de sua casa. Com isso, Kamkwamba propiciou um cenário de esperança para sua comunidade. A invenção do garoto, então com 14 anos, chamou a atenção de agricultores locais e jornalistas, o que fez com que a notícia se espalhasse pela mídia internacional.

Não sei se você sabe, mas em 2020 mais de 1 bilhão de pessoas[6] ainda não tinham acesso à energia elétrica, e um dos países mais afetados era justamente o Malawi, onde cerca de 98% da população não tem acesso à eletricidade.

Bart Weetjens

Outro caso impactante ocorreu em Moçambique, país também localizado na África. Depois de muitos anos de uma guerra civil intensa, ele é, atualmente, um dos países que mais possuem minas terrestres espalhadas por seu território.

O engenheiro belga Bart Weetjens, que com o passar da vida se tornou monge e desde garoto gostava de ratos, teve a ideia de usá-los para detectar minas terrestres. Estima-se que existam mais de 55 milhões[7] de minas terrestres espalhadas pelo mundo e que elas causem mais de 20 mil acidentes por ano. O problema é que, para desarmá-las, seriam necessários quase quinhentos anos.

Weetjens criou a Apopo[8] (acrônimo em neerlandês que, em português significa Desenvolvimento de Produtos para Remoção de Minas Terrestres Antipessoais), uma organização não governamental belga que treina ratos para detectar minas terrestres. Sim, você leu certo, os ratos são treinados para farejar minas terrestres, pois estão em segundo lugar no ranking de olfato mais apurado do reino animal (o primeiro posto pertence ao elefante-africano), muito à frente dos cães, que, inclusive, perdem para as vacas e os cavalos.

E esses roedores, além de detectar as minas terrestres, auxiliam no diagnóstico da tuberculose, doença que ainda mata 1,6 milhão de pessoas todos os anos. Em apenas sete minutos, os ratos conseguem examinar mais de 35 amostras, atividade que levaria um dia todo em um laboratório.

Essas duas pessoas, talvez desconhecidas por você, direcionaram seus esforços em busca de soluções para problemas muito graves que afligem grande parte da população do Malawi e de Moçambique. Muito mais que utilizar seus conhecimentos, empregaram sua força de propósito para criar algo diferenciado, que gerasse uma disrupção naquelas nações.

Com base em minha experiência de vida, tanto profissional como acadêmica, sempre exercitei minha visão e minha interpretação dos fatos da maneira mais abrangente possível. Isso me permitiu reunir neste livro os principais pontos de reflexão que acredito serem relevantes para ajudá-lo a pensar diferente e entender que cabe somente a você ser o agente propulsor do seu futuro, que poderá ser repleto de conquistas. Ao longo dos últimos vinte anos de trabalho e estudo em empresas e universidades que sempre estiveram fora da média, reuni cinco elementos que levam uma pessoa a ser protagonista em sua vida.

Particularmente, gosto muito do número 5. Na numerologia*, as pessoas com vibração cinco em geral são flexíveis, ativas, curiosas, inquietas, inteligentes e imaginativas. Além disso, possuem muita facilidade para se adaptar às mudanças e para promovê-las. Adoram a liberdade e fazem uso de toda a sua energia. E vale ressaltar que não é incomum que façam muitas coisas ao mesmo tempo.

Apresento a vocês o método dos 5Ps, que consiste nos cinco principais pilares que levam uma pessoa a ser protagonista em sua jornada, seja na vida pessoal, seja na profissional, seja na social. Escolhi um animal para representar cada um dos cinco pilares, de modo a ilustrar sua personalidade ou características no contexto de cada elemento.

---

* A numerologia estuda as vibrações que regem o destino da pessoa e sua personalidade pelos números que estão em seu nome e data de nascimento, por exemplo.

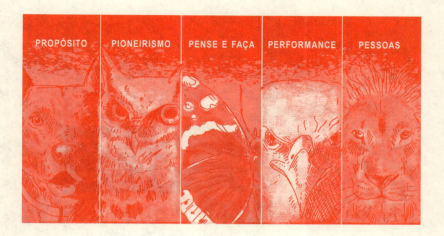

Propósito: para ser protagonista em sua jornada, você precisa descobrir e utilizar seu propósito para guiar suas ações.

Pioneirismo: para ser protagonista, você deve ter uma mente mais inquieta, com pensamentos originais, únicos, sem se preocupar em alinhar sua conduta com a da maioria das pessoas a sua volta.

Pense e faça: para ser protagonista, além de ter como objetivo mudar aquilo que não está adequado, você deve ter a liberdade de buscar fazer algo diferente, mesmo quando não estiver pronto, mesmo se arriscando.

Performance: para ser protagonista, você deve se desafiar a todo momento para entregar algo a mais, para ser melhor e se diferenciar, inclusive na entrega de suas ações.

Pessoas: para ser protagonista, você sabe que não pode ir longe sem estar cercado de pessoas que enriquecem suas ações e que de alguma forma o ajudam a forjar os melhores caminhos.

5

PROPÓSITO

O cão.
Quando pensamos em um cão, logo nos vem à mente sua principal característica, a lealdade, e isso me faz refletir sobre nossa vida, sobre nossa caminhada. Estamos realmente sendo leais conosco, com nossos valores, com nossos ideais? Nossos relacionamentos, tanto na vida pessoal como na profissional, são leais a nosso propósito? Quantas vezes você já ouviu falar de um cão que se perdeu e percorreu quilômetros para reencontrar seus donos, ou do quanto são protetores com a família que os adota? Isso ocorre porque a lealdade está na sua essência. A lealdade é um valor cada vez mais raro, mas fundamental para que você respeite seus princípios e tenha o propósito de ser protagonista.

Se você procurar o significado da palavra "propósito" no dicionário, encontrará uma definição similar à seguinte: "Grande vontade de realizar ou de alcançar alguma coisa".[1] Mas, para mim, existe um termo em japonês que traduz melhor o significado de propósito:

ikigai, que quer dizer "razão de viver". Para os japoneses, todos têm um *ikigai*, e para identificar qual é o seu é preciso mergulhar em uma profunda busca de si mesmo.

Nos tempos atuais, a sociedade e a mídia falam muito de "propósito", e, se pararmos para pensar, ele abrange várias esferas de nossa vida. O propósito também está intrinsecamente associado a outro termo importante: motivação. Em geral as pessoas acreditam que o motivo para realizar algo deve vir de uma influência externa. Mas é justamente o oposto. Precisa vir de dentro de você.

Certa vez li um artigo da Endeavor[2] chamado "A propósito: você sabe aonde quer chegar?", que dizia:

> [...] o fato é que um propósito não é identificado sem que façamos, em dado momento de nossas vidas, algumas perguntas incômodas a nós mesmos: "Qual é o sentido de viver para trabalhar? Qual o propósito de dedicar pelo menos um terço da minha vida a atividades cujo sentido desconheço?" E talvez a mais temida de todas: "Sou feliz com o que faço?"
>
> "O meu propósito é o dinheiro", você pode responder. Claro, um propósito mais do que legítimo. Porém, refazemos a pergunta: qual o propósito de ir em busca desse dinheiro? "Conforto", "casa própria", "viagens", "educação de qualidade para meus filhos..."; perfeito. Mas – e pedimos perdão pela insistência – para que tudo isso?

Para ilustrar melhor esse elemento fantástico que é o propósito, lembrarei um grande protagonista de nossos tempos e que visivelmente tem um propósito muito forte: Elon Musk. E, para falar sobre ele, gostaria de compartilhar uma frase de Peter Diamandis:* "Você não avançará se a missão for de outra pessoa, a missão tem de ser sua".[3]

Depois de criar e vender o PayPal ao eBay por 1,5 bilhão de dólares, Musk, que era seu maior acionista, ficou multimilionário. Enquanto a maioria esmagadora das pessoas pensaria em passar a desfrutar melhor a vida, seu foco foi um propósito maior. Certa vez ele disse: "Eu acho que é possível para pessoas comuns escolherem ser extraordinárias. Se você tem uma ótima ideia, o que o impede de tentar?".[4]

Se na época da venda do PayPal alguém tivesse questionado Elon Musk sobre seu propósito de vida, ele poderia dizer que era "criar formas de transporte interplanetárias seguras e economicamente viáveis", ou "criar meios de transporte terrestre mais rápidos que os aéreos", ou, ainda, "gerar uma grande disrupção no mercado automotivo mundial, criando veículos mais modernos, seguros e que utilizam fontes de energia que não prejudicam o meio ambiente". Com certeza ele teria sido chamado de louco, mas o fato é que hoje todos esses propósitos, que obviamente têm um vínculo entre si, provaram ser possíveis, especiais e, acima de tudo, visionários, fazendo de Elon Musk um dos homens mais ricos do mundo em 2020.

Outro bom exemplo de alguém que teve um forte propósito é Steve Jobs, cofundador, diretor-executivo e presidente da Apple.

---

* Mais conhecido por ser um dos fundadores da *Singularity University*, Peter Diamandis, se autointitula integrante de uma comunidade de líderes empreendedores que causam um impacto positivo em escala planetária. Ele também é um dos autores do best-seller *Abundância (Alta Books, 2019)*.

Reconhecido como uma das mentes mais brilhantes de seu tempo, em grande parte devido a seu propósito de levar à sociedade uma visão mais ampla do uso da tecnologia, ele lançou o iPod (dispositivo que deu início a uma grande disrupção no mercado fonográfico mundial) e o iPhone (com novos conceitos de utilização e percepção que permitiram uma facilidade na interação e a consolidação de novos hábitos de consumo desses aparelhos, por exemplo), entre tantas outras tecnologias oferecidas pela Apple ao mercado.

Mas não são apenas pessoas conhecidas que têm propósitos importantes para suas vidas. Pais e mães que se sacrificam para garantir o futuro dos filhos, crianças e adolescentes que buscam estudar em cidades com mais opções, longe das suas famílias, pessoas que trabalham horas a fio para auxiliar comunidades carentes, empresários que buscam ajudar a sociedade, entre outros, também são ótimos exemplos.

Assim, precisamos agir com a premissa de que o propósito não é negociável; é algo sólido e que não muda conforme interesses circunstanciais. Portanto, pergunto: você já pensou em qual é seu propósito? Você já identificou o propósito de sua empresa?

Imagine que você seja proprietário de uma confecção que tem como propósito "servir os clientes com produtos sustentáveis, modernos e com preço justo". Esse é um propósito muito positivo para qualquer empresa, e provavelmente a maioria das pessoas se sentiria bem ao se relacionar com uma companhia desse tipo. Mas vamos analisar esse propósito e fazer alguns questionamentos:

- Como você garante que está servindo os seus clientes com produtos sustentáveis?

- Você controla toda a cadeia de produção?
- Controla os funcionários de seus fornecedores?
- Controla os insumos, o uso de água e o tratamento dos resíduos químicos?
- Como você garante que seus produtos possuem um preço justo?
- Você abrirá toda a estrutura de custos para que os clientes conheçam a margem com a qual sua empresa está trabalhando?
- Como você está remunerando seus funcionários?
- Como está ajudando a comunidade?

Agora, imagine esta situação: um cliente entra em sua loja à procura de uma camiseta customizada para uma confraternização na empresa em que trabalha. O caminho tradicional seria dizer que não comercializa esse tipo de produto, mas você poderia indicar quem pudesse ajudá-lo. Concorda? Há algo de errado aqui? A resposta é sim.

Se o propósito de sua empresa é servir o cliente, você deveria entender a demanda e perceber que sua loja tem melhores condições de resolver o problema do cliente do que ele mesmo, pois você conhece a cadeia de produção. Simplesmente direcioná-lo a outro lugar não é servir. Servir é resolver a situação do consumidor.

Não questiono se você deveria ou não fazer isso ou se faria sentido economicamente. Questiono, com base no exemplo acima, se seu propósito está correto ou equivocado. Entende a diferença?

A seguir, mostrarei cinco casos empresariais que acredito serem ótimos exemplos de alinhamento de propósito.

Shell: multinacional petrolífera, uma das maiores empresas de energia do mundo. A marca Shell[5] foi registrada em 1891 pela Marcus Samuel and Company. Na época, era um pequeno negócio em Londres que importava antiguidades, raridades e conchas do Oriente. As conchas eram muito populares entre os vitorianos, sendo usadas sobretudo para decorar caixas de lembranças, e logo passaram a ser a base mais lucrativa dos negócios de importação e exportação da empresa com o Extremo Oriente.

Em 1892, Samuel, filho do fundador da Shell, se deu conta de que existia um potencial para a exportação de querosene e rapidamente iniciou esse serviço com o primeiro navio do mundo construído para transportar petróleo, o Murex, entrando de vez nesse mercado. Por volta de 1907, a empresa já possuía uma frota de navios-petroleiros.

Disney: fundada em 1923 por Walt Disney e seu irmão, inicialmente como estúdio de animação, tornou-se anos depois um dos maiores estúdios de Hollywood. Em 1955, a Disney lançou a Disneyland com o propósito de criar felicidade e com foco total no cliente e nos detalhes. A filosofia de Walt Disney continua em vigor hoje por meio do empoderamento dos funcionários, que devem entender por que estão realizando determinada ação de tal forma. Ao compartilhar seu propósito com os funcionários, a empresa consegue atingir amplamente seus objetivos.

Empresas como a Disney revolucionaram o atendimento ao cliente por meio da dedicação de seus colaboradores para criar a melhor experiência possível. A qualidade e o foco foram sustentados pelos valores intrínsecos de sua cultura. Quanto maior a empresa se tornava, mais reforçava seu foco principal: o cliente. Hoje, a Disney continua sua busca por entender as necessidades de seus consumidores, seus sonhos e paixões, para poder realizá-los da melhor forma possível.

Patagonia: criada em 1973 com foco em vestuário para praticantes de escalada e priorizando a qualidade de seus produtos e a inovação no relacionamento com os clientes, a marca consolidou-se como uma grande fabricante de roupas. Com o passar do tempo, ela ampliou seu portfólio, passando a fabricar e comercializar roupas para praticantes de outros esportes, como surfe, esqui e *snowboard*. Presidida por Yvon Chouinard desde sua fundação, a Patagonia não tem receio de tomar decisões inéditas em seu marketing e na maneira como conduz seus negócios.

É considerada uma empresa ativista, e esse propósito impactou a maneira como ela faz negócios e se relaciona com o público. A Patagonia tem o forte compromisso de doar 1% de todas as suas vendas mundiais a grupos e entidades ambientais por meio da organização 1% for the Planet,[6] que incentiva as empresas a doar 1% de sua receita líquida anual a causas ambientais.

Salesforce: fundada em 1999 por Marc Benioff e Parker Harris, tem o mesmo propósito da Patagonia de doar 1% de seus lucros a entidades sem fins lucrativos. A empresa é uma das mais inovadoras do mundo no quesito software empresarial, sendo responsável por introduzir no mercado o modelo *Software as a service* (SaaS), pelo qual as empresas não precisam comprar a licença de uso de um software, mas pagam pelos serviços oferecidos pelos fabricantes, o que democratiza o acesso ao produto.

Além de introduzir conceitos da cultura havaiana e chamar funcionários, clientes, parceiros e toda a comunidade de *Ohana* (que, em português, significa "grande família"), a Salesforce tem um modelo de retorno à sociedade denominado 1-1-1, com as seguintes características:

- 1% das horas trabalhadas pelos funcionários pode ser doado, na forma de serviços, a entidades escolhidas pelo próprio colaborador;
- 1% do faturamento é direcionado a programas sociais;
- 1% do volume de serviços (licenças de software) contratados são ofertados como forma de apoio às milhares entidades beneficiadas pelo modelo.

Tesla: fundada por Elon Musk, tem um propósito muito claro de acelerar a transição para a energia sustentável no mundo. Ela é responsável por capitanear uma das grandes revoluções na indústria automotiva global, causando desconfortos de grandes proporções no segmento de energia fóssil. A empresa é considerada uma fabricante de veículos diferenciados, não apenas por serem totalmente elétricos, mas pelo nível de requinte, tecnologia e cuidado em todos os detalhes, o que torna a experiência de seus clientes extraordinária.

Quando uma empresa tem um propósito sólido, alinhado com as expectativas de seus clientes, eles associam a marca ao tipo de experiência que ela proporciona. Um exemplo disso é que, no fim de 2020, a Tesla lançou a bebida Tesla Tequila por "módicos" 250 dólares a garrafa. Você deve estar se perguntando: "O que a tequila tem a ver com automóveis?". Bem, essa é uma longa história, mas o fato é que, mesmo com um valor muito alto, o produto se esgotou no mercado em pouco tempo, em razão da associação marca-experiência.

Você já pensou em qual é seu propósito? Você já identificou o propósito de sua empresa?

Poderia citar dezenas de outras empresas que têm um propósito forte e são protagonistas em suas operações. Mas quero deixar claro que o propósito não é algo inerente apenas a empresas. Pelo contrário, é imprescindível que as pessoas expandam sua visão com o objetivo de fazer diferente, de não aceitar um nível de qualidade baixo, de investir um pouco de sua energia e atenção para realizar ações em prol do meio ambiente e da sociedade. Pessoas com propósitos firmes têm a expectativa de um mundo melhor, de produtos melhores, de serviços melhores, de empresas melhores e, assim, estão sempre liderando ações na sociedade. Além disso, toda empresa é liderada por pessoas.

Agora, que tal fazermos uma dinâmica?

Os motivos para realizar essa dinâmica, bem como as explicações sobre quem seria seu vencedor, encontram-se no material complementar, acessível pelo QR Code informado no fim do capítulo.

Você conhece a brincadeira pedra, papel e tesoura, também chamada de jokenpô? É uma brincadeira simples que pode ser praticada por crianças e adultos. Dois jogadores ficam frente a frente, ambos com uma das mãos para trás. Juntos, eles devem dizer bem devagar "pedra, papel e tesoura" ou "jokenpô" e, ao mesmo tempo, mostrar a mão que estava escondida, com a representação do objeto escolhido: mão fechada = pedra; mão aberta = papel; dois dedos esticados, formando um "V" = tesoura. A regra para definir o vencedor é: pedra quebra tesoura, tesoura corta papel e papel embrulha pedra.

Agora que você recordou o jogo, vamos iniciar a dinâmica.

Imagine que você está em uma sala com sessenta executivos de várias partes do mundo. Você e um colega (você pode convidar um familiar ou qualquer pessoa próxima) participarão de uma competição com duração de sessenta segundos. A pessoa da dupla que vencer mais vezes receberá 20 dólares (duas notas de 10 dólares). Preparado? Jogue e, no fim, anote o resultado nos espaços em branco.

Suas vitórias: _____

Vitórias de seu companheiro de jogo: _____

Faça o acesso somente depois de ter realizado a dinâmica, mesmo que você faça isso apenas na sua imaginação.

Para acessar o conteúdo é fácil! Basta apontar a câmera do seu celular para o QR Code ao lado ou digitar o link em seu navegador e aproveitar!

https://www.fujadamedia.com.br/livro-jokenpo

6

PIONEIRISMO

Coruja.
A coruja é um animal associado a temas como projeção astral, magia e clarividência. Ela tem características muito marcantes e diferenciadas, como ver o que a maioria de nós não vê, uma das grandes essências da sabedoria. Não é à toa que ela é conhecida também como águia noturna. A coruja tem o hábito de sempre se sentar a leste, o principal lugar da iluminação segundo as crenças religiosas dos povos nativos da América do Norte. Sabe-se ainda que ela está presente em muitos sonhos e processos de meditação. Certamente, quem consegue enxergar na escuridão e ser portador de uma grande e antiga sabedoria tem mais condições de simbolizar o pioneirismo, qualidade daqueles que têm sabedoria e visão acima da média.

O pioneirismo é uma característica de pessoas que têm um pensamento mais que original; são aqueles indivíduos que procuram quebrar as regras estabelecidas, que enfrentam o movimento contrário e vivem como eternos inconformados com a situação em que se encontra sua carreira, sua empresa ou a sociedade. São aqueles que muitas vezes entram em confrontos por buscar melhorar as coisas, por ser inconformado com os padrões vigentes.

Nós, seres humanos, até por nossas características biológicas, preferimos não quebrar regras e optar por respeitar os costumes, o *statu quo*. Biologicamente, como vimos no caso do cérebro, temos particularidades que limitam nossa motivação para enfrentar novos desafios, bem como para confrontar algumas situações.

Logo, o primeiro ponto com que devemos nos preocupar na busca do pioneirismo é confrontar primeiro a nós mesmos, saindo de nossa zona de conforto.

Ser pioneiro requer quebrar regras e desconstruir processos, ideias e crenças, como já aconteceu muitas vezes em várias revoluções de mercado. Fundamentalmente, para ser um pioneiro, um inconformado, você deve questionar as regras e persistir em suas ideias e visões.

Outro fator que merece atenção de quem quer ser protagonista e necessita ser pioneiro em alguns focos de atuação é que a diversidade de conhecimentos e práticas fornece uma visão mais ampla, criativa e favorável para desenvolver caminhos e ideias originais, ou seja, pioneiros nos diversos cenários em que podem ser aplicados. Assim, quanto mais você tiver conhecimento, mais ampla e poderosa será sua capacidade nesse contexto.

Certa vez, assisti a uma aula de neuromarketing em uma famosa universidade norte-americana em que o professor propôs, logo no início, um exercício para toda a turma. Ele explicou que a dinâmica

Fundamentalmente, para ser um pioneiro, um inconformado, você deve questionar as regras e persistir em suas ideias e visões.

aconteceria da seguinte forma: perguntaria a alguns alunos de que cor era a pasta que ele tinha nas mãos – era uma pasta verde –, e eles deveriam responder que era vermelha. Em seguida, pediu que as regras da dinâmica não fossem compartilhadas com os alunos que chegassem atrasados. Bem, passados vinte minutos, dois colegas chegaram atrasados – vou chamar um deles de João. Depois que eles se acomodaram, o professor perguntou a um dos alunos que estavam presentes durante a explicação da dinâmica qual era a cor da pasta, e, sem pestanejar, ele respondeu que era vermelha. João imediatamente olhou para trás para ver quem havia respondido com uma expressão de perplexidade. Em seguida, o professor fez o mesmo questionamento a mais seis alunos, e todos, sem exceção, responderam que a pasta era vermelha. Foi então que o professor perguntou a João, e ele, sem pensar muito, também respondeu que a pasta era vermelha.

Essa dinâmica mostra que, quando uma opinião é forte em um grupo em que estamos inseridos, somos automaticamente direcionados a pensar como ele e raras são as pessoas que conseguem ser fortes o suficiente para confrontar a maioria, mesmo em casos tão explícitos como o do exemplo que citei. Logo, os pioneiros precisam ser fortes para identificar quais pontos devem ser enfrentados, mesmo quando estão inseridos em um ambiente que preserva o *statu quo*. O pioneiro nasce nesse tipo de ambiente.

Você se lembra da palestra de Paul Rulkens que citei no capítulo 4? Pois bem, gostaria de mencionar outro momento importante. Segundo Rulkens, em situações de alta complexidade, cerca de 98% das pessoas tendem a repetir, em quantidade superior à usual, ações na tentativa de superar as dificuldades ou congelam totalmente suas ações. Apenas 2% procuram fazer algo diferente para confrontar esses cenários desafiadores – e esses 2% certamente são os inconformados, os pioneiros.

Nessa mesma palestra, Rulkens contou uma história interessante sobre Albert Einstein. Segundo ele, Einstein estava trabalhando como professor adjunto na Universidade de Oxford e havia acabado de elaborar um exame de Física para uma de suas turmas mais adiantadas. Enquanto ele e seu assistente voltavam para o escritório, ocorreu o seguinte diálogo:

"Dr. Einstein, esse não é o mesmo exame que o senhor deu à turma no ano passado?", perguntou o assistente.

"Sim, é o mesmo", respondeu Einstein.

"Eu não entendo!", exclamou o assistente. "Como o senhor pode dar à mesma turma o mesmo exame um ano depois?"

"Bem", disse Einstein, "é fácil. As respostas mudaram."

Não sei se a história realmente aconteceu, mas ela é, sem dúvida, um indicativo do mundo em que vivemos hoje. Pense nisso.

Agora imagine que você seja um vendedor de móveis. Um dia você acordou e tomou uma decisão: "Não vou mais comercializar móveis prontos, vou passar a vender meus produtos desmontados, dando um desconto no preço e deixando a etapa da montagem para os clientes". Se você tivesse tido essa ideia, poderia chamar sua empresa de Ikea, companhia global especializada na venda de móveis de baixo custo cuja montagem fica sob a responsabilidade do comprador.

Estabelecer novos padrões é, sem dúvida, o melhor caminho para obter o resultado esperado pelo mercado, com mais exigência nas formas da inovação de relacionamento, evoluindo-se sempre na busca de uma melhor experiência para seus clientes.

Todd Rose, pesquisador e escritor norte-americano, professor da Harvard Graduate School of Education, mostrou uma pesquisa muito interessante em seu livro *The End of Average*.[1] Na obra, Rose traz pontos relevantes sobre como a média cria ambientes confortáveis para as pessoas, mas, fundamentalmente, as anula ou até mesmo inviabiliza novos desafios. Um dos exemplos citados é o da Força Aérea dos Estados Unidos. Em 1952, a instituição estava com um grande problema, pois, embora fizesse grandes investimentos em treinamento, pilotos e equipamentos, a performance estava muito aquém da esperada e, obviamente, os alvos da crítica eram os pilotos, os equipamentos e os instrutores.

No entanto, descobriu-se mais tarde que o problema estava nos cockpits. Naquela época, as medidas usadas na fabricação dessas cabines eram baseadas no tamanho médio dos pilotos, ou seja, altura, ombros, pernas etc. Contratou-se um pesquisador que, após analisar as medidas de milhares de pilotos, cerca de dez itens em cada militar, fez o cruzamento dos dados e constatou, para sua surpresa, que nenhum piloto se encaixava naquelas medidas médias. Dessa forma, o tamanho do cockpit não era adequado a ninguém, pois nenhum piloto possuía as medidas consideradas no projeto.

A título de curiosidade, os resultados desse estudo, que gerou inúmeras melhorias no ramo da aviação, foram utilizados posteriormente em projetos de carros de passeio.

Esse raciocínio serve também para o contexto dos empregos, já abordado neste livro. É comum ouvir dizer que a disrupção digital vai causar a extinção de algumas ocupações atuais e que as novas tecnologias emergentes – como a inteligência artificial, o *machine learning*, a impressora 3D, entre outras – potencializarão ainda mais esse cenário. Um bom exemplo de profissão que está em risco é a de advogado. E eu explico o porquê.

Certa vez, li na internet uma manchete que dizia: "'Advogado-robô' reverte 160 mil multas de trânsito em Nova York e Londres".[2] A reportagem citava um caso bem-sucedido do DoNotPay – um *chatbot*[*] que auxilia motoristas em recursos de multas. A matéria dizia:

> *Segundo seu criador, Joshua Browder, de 19 anos, o sistema já avaliou 250 mil multas desde que o sistema começou a funcionar em setembro de 2015 na capital da Inglaterra. O que o "DoNotPay" faz é conversar com os motoristas a respeito dos tíquetes de infrações de trânsito. A partir de informações dadas pelas pessoas, ele orienta [sic] sobre se a sinalização procede ou não e o que se deve fazer.*

Logo, se você trabalha com algo que pode ser automatizado é porque está atuando de maneira usual. Veja que em nenhum

---

[*] Programa de computador que visa simular um ser humano ao conversar com pessoas. É capaz de responder perguntas e causa a impressão de a conversa acontecer com outra pessoa, não um programa. Funciona a partir de regras e às vezes inteligência artificial.

momento se disse que não existirão mais advogados, e sim que não haverá mais espaço para advogados que executam atividades básicas em vez de assumir o papel de homens do conhecimento, como dizia Peter Drucker.

Você precisa de mais exemplos para ficar inconformado, passar a enfrentar seu sistema biológico e confrontar o *statu quo* em seus negócios ou carreira?

Para reforçar o que foi abordado neste capítulo, convido você a realizar duas dinâmicas simples.

Dinâmica 1

Cruze os braços. Agora, descruze-os. Cruze-os novamente, mas de maneira inversa à que você costuma fazer. Repita esse movimento cinco vezes. Não é fácil, concorda? Ser pioneiro é pensar sempre de maneira diferente da usual, mesmo que pareça estranho e seja desconfortável. Logo, busque sempre olhar as coisas de maneira mais ampla ou desafiadora e procure fazer questionamentos como: "Por que é assim? Por que não é diferente?".

Dinâmica 2

Imagine que você seja o reitor de uma universidade privada. Sobre sua mesa há algumas pesquisas de mercado[3] que mostram que, em 2018, o índice de alunos que desistiram de cursar a universidade após matriculados era de 30%, ou seja, a cada cem alunos matriculados, trinta abandonavam o curso. Então, você precisa agir imediatamente.

Para você, isso é um grande problema, pois investiu na conquista desses alunos e mesmo assim não conseguiu mantê-los. Antes que você pense que o ensino a distância é o grande vilão da história, saiba que esse sistema também vem perdendo alunos, com evasão em torno de 36%, segundo a mesma pesquisa. Agora, responda: quais seriam as cinco principais ações que você realizaria para resolver esse problema, considerando o tema pioneirismo?

Para saber se sua visão está alinhada às expectativas, assista ao vídeo criado especialmente para este tópico.

Para acessar o conteúdo é fácil! Basta apontar a câmera do seu celular para o QR Code ao lado ou digitar o link em seu navegador e aproveitar!

https://www.fujadamedia.com.br/livro-academico

'7

PENSE E FAÇA

Borboleta.
Um dos símbolos da transformação, tanto interna quanto externa, a borboleta nos ensina que precisamos percorrer várias etapas em nossa vida para ser, de fato, seres transformados. Ela passa por estágios variados, do ovo à lagarta e da lagarta ao casulo, até tornar-se borboleta. Com sua trajetória, nos mostra, de maneira clara, que todos os estágios da vida são importantes – diria até indispensáveis – para que tenhamos em mente que não podemos pular fases sem ter passado pelo aprendizado ou pela evolução. Assim, ela também é o símbolo deste capítulo, que visa compartilhar a ideia de que em nossa caminhada teremos vários momentos, várias experiências, e que nada do que vamos fazer deve ter a obrigação de nascer já em sua melhor versão, mas pode e deve, sim, passar por vários estágios de evolução.

Importante: não confunda pensar e fazer com plano de ação. Destaco o plano de ação para mostrar que, além do fazer, a ação é uma das partes mais importantes do sucesso, do protagonismo. A palavra "imaginação" é composta dos termos "imagem" e "ação"; logo, se você ficar apenas com a imagem na mente, não terá nada além de um pensamento, um desejo, um eventual devaneio. Mas, se você puser essa ideia em movimento, verá como sua imaginação é capaz de construir um negócio e uma carreira brilhantes. Resumindo: uma pessoa repleta de ideias, mas sem ação, não obterá nada. Agir é tão importante quanto entender como se deve agir, e grande parte das empresas perde oportunidades esperando pelo melhor momento.

Michael Porter,[1] professor da Harvard Business School e autor de vários best-sellers na área da administração, acredita que a estratégia (os pensamentos, os planos), é a habilidade de uma marca em criar um posicionamento valioso no mercado, lançando mão de um conjunto de diferentes atividades. O general Sun Tzu,[2] estrategista, filósofo e a principal referência na escola militar de filosofia chinesa, já sinalizava, quase 1500 anos atrás, que "a maioria pode identificar as táticas utilizadas em uma conquista, mas raramente alguém poderia conhecer a real estratégia por trás de uma vitória".

Pensar fora da caixa talvez seja o principal desafio de executivos e gestores de negócios, mas, mais do que pensar, é preciso fazer. Para se manter relevante, competitivo e diferenciado no mercado, é preciso treinar o pensamento estratégico 24 horas por dia, sete dias por semana.

Quantas vezes você teve uma ideia que parecia muito boa, mas não a executou e, com o passar do tempo, se viu agindo como sempre, longe de realizar aquele pensamento? Isso é mais comum do

Para se manter relevante, competitivo e diferenciado no mercado, é preciso treinar o pensamento estratégico 24 horas por dia, sete dias por semana.

que você imagina e, por isso, se quiser ser protagonista, precisa pensar e fazer rápido. PENSE E FAÇA!

A maioria dos executivos acredita que definir o momento certo para rever suas estratégias seja uma forma adequada de organizar as ações para obter bons resultados a médio e longo prazo. Mas essa abordagem tem mais pontos negativos que positivos, pois a defasagem de tempo entre pensar, fazer, agir e organizar, perante a movimentação natural do mercado, afetará o momento futuro, tornando o plano previsto totalmente obsoleto.

Vamos analisar alguns casos que ilustram o que estou dizendo.

Nokia: no final da década de 1990, a Nokia era uma das principais responsáveis na transformação do segmento de celulares – inclusive liderava este mercado – e acreditava que o seu modelo era suficiente para se manter no topo, sem muitas inovações.[3]

Em 2007, após a Apple lançar o iPhone e iniciar uma nova fase no mercado telefônico com os smartphones, a Nokia passou a sofrer com as dificuldades de emplacar novidades – além da rejeição em grande parte dos usuários em relação ao sistema operacional. O resultado da falta de inovação foi a venda em 2013 de sua operação de celulares para a Microsoft.[4]

Xerox: a Xerox por muito pouco deixou de ser a maior empresa do mundo, perdendo sua liderança histórica e deixando de ser reconhecida como uma empresa protagonista no segmento de fotocopiadoras. Muitas inovações tecnológicas foram criadas pela Xerox, como o Alto – primeiro computador pessoal do mundo com interface gráfica e mouse, com lançamento quatro anos antes da Apple. O modelo contava com padrão de redes *ethernet*, impressora a laser entre outros componentes disruptivos.[5]

Mas, por não conseguir inovar mais no seu segmento, a empresa perdeu oportunidades que o mercado enxergava e outras empresas assumiram o protagonismo, como a própria Apple.

Bertha Benz: em 1888, na Alemanha, Bertha Benz,[6,7] esposa de Karl Benz – conhecido como o pai do automóvel –, decidiu testar um projeto desenvolvido pelo marido, o Benz Patent-Motorwagen tipo 3. Para não o acordarem, ela e os dois filhos empurraram o veículo com o motor desligado e, assim que estavam distantes de casa o suficiente, ligaram-no e partiram em uma viagem de 100 quilômetros entre Mannheim, onde moravam, e Pforzheim, sua cidade natal.

Durante a viagem, que durou cerca de três dias, o carro apresentou problemas, e Bertha teve de utilizar um alfinete de seu chapéu para desentupir o carburador. Mais adiante, ela fez uma parada para comprar benzina em uma farmácia para abastecer o veículo. Ao chegar ao destino, Bertha enviou um telegrama ao marido avisando-o do feito e contando que tudo estava muito bem. Alguns dias depois, ela voltou para casa dirigindo o automóvel.

Além de ter sido a primeira mulher a dirigir um carro, Bertha Benz mudou a história do automóvel ao testar o esboço do marido, pois isso foi essencial para que ele aperfeiçoasse o projeto com base na experiência e nos percalços enfrentados por ela e também foi fundamental para que, mais tarde, o casal fundasse a Mercedes-Benz.

* * *

Depois de ler esses três casos, pode-se concluir que o problema comum não foi a falta de ideia, de inovação, mas, sim, a execução. Agir rapidamente é o que torna os negócios diferentes, expoentes e protagonistas. Ao terem uma ideia, em geral as pessoas esperam pelo "momento certo" para executá-la, acreditando que assim correrão menos riscos ou precisarão fazer menos ajustes posteriormente.

Vou fazer uma analogia para ilustrar ainda melhor esse conceito. Imagine que estamos planejando dar a volta ao mundo em um avião. Não seria difícil encontrar pessoas que corressem a abastecer a aeronave com os alimentos, roupas e combustível necessários para ter o controle total das situações adversas que podem ocorrer. Assim funcionam as ideias: ficamos muito tempo planejando para acertar de primeira. No caso da volta ao mundo, sabe o que aconteceria se tudo ocorresse como descrevi? O avião nem sequer conseguiria decolar devido ao excesso de peso. Mas se, em vez disso, fossem planejadas pequenas paradas para reabastecer a aeronave com alimentos, roupas e combustível, o plano poderia ser viável.

Nos negócios acontece o mesmo. Muitos empreendedores planejam um movimento relevante pensando, digamos, em duplicar o tamanho da empresa. Mas é preciso ter em mente que projetos complexos e grandes desafios devem ser sempre encarados como a soma de várias etapas até que eles se concretizem e se completem. Se você almejar o todo desde o princípio e se desafiar para atingi-lo, terá mais dificuldades do que as necessárias na evolução daquele projeto ou desafio.

Se hoje você é analista e pretende tornar-se presidente de uma organização, terá de passar por várias etapas até chegar lá. Logo, se esperar muito tempo para começar a agir e implementar aquela ação planejada, poderá perder a oportunidade. Certa vez ouvi de dois amigos a seguinte frase: "Erre na velocidade de uma Ferrari, mas não no preço de um Fusca". Em resumo, segmente ao máximo suas ações para que seu risco seja o menor possível, mas faça tudo de maneira célere, ocupando logo os espaços, ainda que não no formato final desejado.

Talvez você não tenha presenciado alguns lançamentos da indústria de software, mas a Microsoft era imbatível ao lançar versões de seu sistema operacional, o Windows, e algumas delas chegaram ao mercado com bugs relevantes. Certamente o objetivo da empresa era lançar produtos com ótima qualidade, mas dentro de um prazo definido como estratégico. Ou seja, o tempo era mais importante que o produto final. Não quero dizer com isso que você deva entregar algo de baixa qualidade – e é claro que esse nunca foi o objetivo da Microsoft, mas ao entregar algo ainda com espaço de evolução, ela já impactava o mercado, educava os consumidores e investia mais e mais em aperfeiçoar sua oferta, melhorando a cada dia.

Que tal, agora, realizar uma dinâmica para testar o que foi visto neste capítulo?

Dinâmica

A dinâmica a seguir está dividida em duas partes e visa reforçar a importância de agir tão logo você tenha uma ideia, pois somente assim poderá sair na frente. É bom lembrar que nem sempre você terá sucesso, mas, quanto mais tentativas fizer, maior a probabilidade de vencer.

Parte 1

Fique a postos, pois você terá apenas sessenta segundos para realizar o cálculo a seguir. Preparado? Importante: não use a calculadora, utilize apenas sua mente (e dedos, se conseguir).

Ative o cronômetro e faça o cálculo:
101 x 10 x 5 x 7 - 997 = _____

Esse cenário mostra como é a vida real, em que temos que lidar com pressão, prazo e responsabilidade, mas que ainda assim existem condições adequadas para obter o sucesso.

Parte 2

Às vezes, é preciso realizar ações sob uma pressão ainda maior. Por isso a forma de controlar o tempo será alterada nesta parte da dinâmica, mas a complexidade do cálculo não será alterada. Em vez de cronômetro, você vai usar um simples palito de fósforo.

> ATENÇÃO: se você for menor de idade, peça a ajuda de um adulto e faça a simulação em um local seguro.

Você deve acender o fósforo e segurá-lo entre os dedos polegar e indicador , realizando o cálculo enquanto o palito permanece aceso, sem queimar sua mão. Preparado?

Acenda o palito!

109 x 12 x 3 x 6 - 6667 = _____

Sentiu a diferença entre os dois cenários apresentados? Para saber mais, assista ao vídeo criado especialmente para o tema PENSE e FAÇA.

Para acessar o conteúdo é fácil! Basta apontar a câmera do seu celular para o QR Code ao lado ou digitar o link em seu navegador e aproveitar!

https://www.fujadamedia.com.br/livro-pense-faca

PERFORMANCE

> Águia.
> A águia é um dos animais mais fantásticos do universo. Ela simboliza o espírito, a coragem e a visão ampla, ilustrando como é positivo e importante tomar decisões e definir planos com a maior objetividade e assertividade possível. Para os xamãs, as penas da águia são o mais sagrado instrumento de cura. Elas têm sido usadas durante séculos para purificar a aura das pessoas que os procuram. A águia é símbolo de performance, pois seus movimentos são treinados e muito precisos. Ela analisa muito as situações e foca como ninguém a execução. E, pela sua natureza, ela sempre evolui, afiando as garras e o bico e trocando as penas para estar sempre renovada.

No quarto elemento do método dos 5Ps, é comum as pessoas pensarem que o sucesso está ligado ou é dependente de sentimentos como a motivação, o que é um grande erro. Costumo dizer que a motivação é como aquele amigo que promete ir à sua casa em determinado dia, você compra petiscos e bebidas para recebê-lo, mas ele não aparece.

Motivação é algo que às vezes temos, às vezes não, pois, na prática, como vimos em capítulos anteriores, nosso cérebro não nos motiva a lidar com novidades ou a despender mais energia em busca de respostas criativas. Assim, o que nos direciona e nos mantém em alta performance são a disciplina e o foco, e, para isso, não precisamos de motivação nem de esforço extra de nosso cérebro.

A melhor maneira de ilustrar como a disciplina é inerente ao comportamento dos protagonistas é utilizando alguns exemplos ligados ao esporte ou à realização de grandes esforços físicos.

Se analisarmos personalidades como o jogador de futebol português Cristiano Ronaldo e o ex-jogador de basquete norte-americano Michael Jordan, por exemplo, perceberemos que o protagonismo deles tem muito a ver com seus propósitos e com a capacidade de inovar e agir, mas, fundamentalmente, se deve à disciplina e ao foco em exercer suas atividades de maneira muito acima da média, procurando superar a si mesmos a cada instante.

Há mais de uma década Cristiano Ronaldo é um dos principais esportistas do mundo, demonstrando comportamento e dedicação focados em entregar o melhor de si ao esporte.

Já Michael Jordan, que provavelmente foi o maior jogador da história da NBA, demonstrou um alto nível de treinamento e dedicação em busca da perfeição fora da média. Isso lhe permitia, inclusive, perder inúmeros arremessos em momentos importantes de jogos sem que deixasse se abater, pois era o responsável pela maior parte dos pontos de seu time.

A jornada épica de Roald Amundsen na exploração do Polo Sul, que abordamos no capítulo 3, também contada em *Vencedoras por opção*[1], de Jim Collins e Morten T. Hansen, mostra como a estratégia espartana de marchar 10 milhas (16 quilômetros) por dia, independentemente das facilidades ou dificuldades encontradas, conduziu o norueguês ao triunfo.

Bruce Lee, um dos maiores e mais reconhecidos lutadores de artes marciais do planeta, disse certa vez: "Eu não tenho medo do homem que praticou 10 mil chutes diferentes, mas sim do homem que praticou o mesmo chute 10 mil vezes".[2]

Eu mesmo, ao analisar minha trajetória nos últimos vinte e cinco anos, percebo como cada reunião, cada viagem, cada estudo, cada hora buscando conhecimentos me deu a condição de prosperar em minhas atividades. Por muitos anos, tive de acordar, de uma a duas vezes por semana, às 3h50 da manhã para viajar a trabalho. Se eu analisar cada ocorrência individualmente, poderei dizer que naqueles momentos eu estava trabalhando minha disciplina e minha responsabilidade, mas raramente minha motivação, até porque não é fácil acordar motivado às 3h50 da manhã.

Com esses exemplos, fica claro que a experiência é obtida com a recorrência e com a prática. Quanto mais ensinarmos o cérebro a se posicionar diante de situações adversas e conflitos e a buscar soluções, mais ágeis e diferenciados nos tornaremos.

Mas o ponto principal é que não basta treinar ou executar muitas vezes uma atividade. É preciso que você busque elementos e conhecimentos adicionais à prática, tornando sua especialização maior a cada dia. Evite se comparar a outras pessoas e passe a comparar suas próprias conquistas – esse é o grande segredo. Se a cada dia você for um pouco melhor, estará cada vez mais próximo de sua melhor versão e se tornará um protagonista.

Proponho, a seguir, um dilema de lógica. Caso você tenha o costume de realizar esse tipo de exercício, acredito que o considerará fácil, mas, se não tem esse hábito, terá um pouco de dificuldade. Não estou me referindo a sua capacidade intelectual para resolver o dilema, mas sim à prática para levar seu cérebro a encontrar o modo certo de pensar, pois a resposta é muito simples.

Dilema

Existem duas portas, uma leva à liberdade e a outra, à cadeira elétrica. Cada porta é protegida por um policial. Um só diz a verdade e o outro diz apenas mentiras. Você não sabe qual porta leva à liberdade e qual conduz à cadeira elétrica nem sabe quem diz a verdade e quem está mentindo.

Você só pode fazer uma pergunta a um dos policiais para encontrar a porta que leva à liberdade. Qual é essa pergunta? Lembre-se: você só tem uma chance de perguntar. Se errar, irá automaticamente para a cadeira elétrica.

Para saber se acertou, acesse o QR Code da esquerda e veja a resposta. E para saber mais sobre a importância da performance, assista ao vídeo criado especialmente para este capítulo no QR Code da direita.

Para acessar o conteúdo é fácil! Basta apontar a câmera do seu celular para o QR Code ao lado ou digitar o link em seu navegador e aproveitar!

https://www.fujadamedia.com.br/livro-duas-portas
https://www.fujadamedia.com.br/livro-performance

Quanto mais ensinarmos o cérebro a se posicionar diante de situações adversas e conflitos e a buscar soluções, mais ágeis e diferenciados nos tornaremos.

PESSOAS

Leão.
Considerado o rei dos animais, o leão representa a sabedoria, a justiça e o poder, mas também a segurança e o orgulho. Ele possui uma visão muito boa, inclusive na escuridão. Vive em bandos, como nós, humanos vivemos em grande parte de nossa existência, distribuindo responsabilidades entre os componentes do grupo. Símbolo heráldico de muitas famílias nobres, o leão está presente fortemente na literatura. Da mesma forma, o leão é muito presente na cultura de alguns países, como a China, onde possui a função de guardar os portões do palácio, espantando os maus espíritos. Só poderia usar o leão para simbolizar o último P do método dos 5Ps, pois ele é o líder, o protagonista no reino animal. E nós temos todas as condições de protagonismo, pois possuímos características similares às dos leões, como espírito de luta, garra, poder, força, coragem, liderança, segurança e autoconfiança.

Você já deve ter ouvido dizer que somos a média das cinco pessoas mais próximas de nós (teoria criada pelo escritor norte-americano Jim Rohn).[1] Lembro como se fosse hoje de quando eu tinha 13 ou 14 anos e meus pais me diziam para tomar cuidado com as pessoas com quem eu me relacionava, utilizando o provérbio "Dize-me com quem andas, e eu te direi quem és". Em outras palavras, o meio em que vivemos inevitavelmente influencia nossas ações, pensamentos e sentimentos, e isso se reflete em todas as áreas de nossa vida.

A Microsoft Research[2,3] realizou, em 2006, um grande estudo sobre a extinta rede social de troca de mensagens MSN Messenger. Os pesquisadores Jure Leskovec e Eric Horvitz, que lideraram esse estudo, avaliaram cerca de 30 bilhões de mensagens de 180 milhões de pessoas em todo o mundo, o que representava praticamente metade das mensagens que trafegavam pela internet anualmente naquela época. A conclusão desse estudo mostrou que, em média, as pessoas apresentavam 6,6 graus de separação entre elas. Logo, poderiam ser conectadas por até sete pessoas conhecidas.

Bem, provavelmente tudo isso é verdade, mas o fator fundamental para que essa teoria tenha sentido e dê algum resultado em sua vida é preciso que você entenda que sozinho até pode ir mais rápido, mas com parcerias irá mais longe. Vou mostrar algumas variáveis sobre esse contexto.

Houve épocas em que reconhecíamos que os mais poderosos eram as pessoas com o maior conhecimento – basta pensarmos na Grécia Antiga. Mais tarde, o poder e o reconhecimento passaram a ser encarnados pelos mais ricos, pelos grandes impérios. Nos dias atuais, embora o protagonismo ainda seja exercido por aqueles que detêm notório conhecimento ou riqueza, ele está ligado principalmente aos relacionamentos, às conexões, ou seja, ao reconhecimento e à interlocução social.

Para contextualizar esse assunto, vou contar uma fábula simples, mas sábia. Era uma vez um grupo de sapos pequenos pulando pela floresta. Em determinado momento, um sapinho caiu em um buraco profundo, e os outros foram até a borda para ver o que poderiam fazer para ajudá-lo. Na mesma hora, começou uma chuva leve e, então, um dos sapos teve a ideia de esperar o buraco se encher de água para que o sapinho pudesse sair. Passados alguns minutos, eles viram que a ideia não iria funcionar. Em paralelo, o sapinho que estava no buraco não parava de tentar pular para fora, mas não conseguia alcançar a borda. Os demais, vendo o esforço dele e seu insucesso, gritavam sem parar para que ele desistisse, pois o buraco era muito profundo. O sapinho, no entanto, continuou tentando, até que juntou toda as forças e conseguiu pular para fora do buraco. Então, um dos sapos lhe perguntou: "Por que você ficou insistindo em pular?", mas o sapinho não respondeu. Alguns segundos depois, ele disse: "Obrigado por me incentivarem!".

Naquele momento, todos os sapos ficaram perplexos, pois perceberam que o sapinho era surdo, mas havia interpretado as manifestações dos outros como motivação, e não como desestímulo (que foi o que ocorreu, na verdade).

Assim, preciso dizer que muitas vezes você terá de "agir como surdo" para ter sucesso em algumas ações ou decisões. Ou seja, você precisará selecionar com muito cuidado quem vai caminhar ao seu lado no dia a dia, pois apenas com as melhores parcerias você poderá ir em frente e até mais longe do que iria se estivesse sozinho.

Em meus mais de vinte e cinco anos de mercado, já trabalhei com profissionais dos mais diversos perfis e posso assegurar que poucos tinham mentalidade positiva, poucos tinham falas ou atos para motivar as pessoas próximas. Em geral, a maioria não faz nada para prejudicar alguém diretamente, mas também não faz nada para ajudar. Por isso precisamos decidir que tipo de pessoa vamos querer ter do nosso lado. E lembre-se de que, na maioria das vezes, quantidade não significa qualidade – em geral, é até o contrário.

No mundo dos negócios, ou no mundo real, como gosto de dizer, precisamos de pessoas engajadas na cultura e no propósito de nossa empresa para ter sucesso. Vejam, sobre esse assunto, os exemplos de dois grandes líderes de empresas ícones no mercado.

Zappos: um dos principais expoentes em atendimento ao cliente e um dos fundadores da rede de varejo on-line de sapatos Zappos, Tony Hsieh desenvolveu um modelo de avaliação dos novos contratados de sua empresa que punha em xeque exatamente o propósito e o interesse deles. Após passarem pelo processo de treinamento, os novos contratados eram surpreendidos com a oferta de determinada quantia para que desistissem de ficar na empresa. Essa foi a forma que Hsieh encontrou para testar o propósito dos novos funcionários.

Netflix: no livro *A regra é não ter regras: a Netflix e a cultura da reinvenção* Reed Hastings, um de seus fundadores, afirma que a Netflix prefere ter menos pessoas, porém pessoas melhores, pois elas rendem mais e motivam mais o ambiente. Assim, a empresa trabalha no modelo "atiradores de elite", e não "infantaria pesada", tornando o ambiente de trabalho mais promissor para todos, pois na visão de Hastings, se você tem sempre os melhores profissionais ao seu lado, você terá menos preocupação sobre a qualidade e apoio aos trabalhos.

Ao analisarmos os casos da Zappos e da Netflix, independentemente de seus métodos e culturas, veremos que ter as pessoas certas próximas a você é, sem dúvida, um dos fatores fundamentais para seu protagonismo ou o de sua empresa.

No mundo da internet, vejo grandes influenciadores (*digital influencers*) fazerem lives com outros grandes influenciadores, mas raramente com pessoas de ótimo conteúdo e experiência, porém com baixa representatividade digital. Isso não acontece por acaso. Em geral, esses influenciadores não estão interessados na conversa em si, na troca de conhecimentos, mas sim em promover uma colaboração entre eles para expandir sua rede de relacionamento digital. Esse modelo é uma das grandes armadilhas que você vai enfrentar em sua carreira, principalmente quando iniciar sua caminhada rumo ao sucesso.

Conheço muitas empresas fantásticas que, ao crescer, perdem sua identidade e profissionais que deixam de ser protagonistas exatamente por colocar seus interesses acima das parcerias. Gosto muito da frase "Seja interessante, não interessado". Pense comigo: quantos livros você leu na vida? Você já parou para pensar que pouquíssimos escritores vivem dos royalties de suas obras? Seu propósito ao escrever livros passa mais pelo desejo de expandir sua mensagem para o mundo do que pelo retorno financeiro em si.[4]

As parcerias são essenciais para que você cresça e se torne protagonista em sua vida ou em sua empresa. Obviamente, não estou querendo dizer que devemos apenas servir às pessoas, sem pensar em nosso foco de atuação. O que quero deixar claro é que o mindset vencedor é servir primeiro, antes de obter o retorno. Esse é o modelo vencedor no protagonismo e podemos vê-lo no esporte, nas empresas e na vida das pessoas protagonistas.

Assim, as parcerias e o *networking* serão um grande diferencial em sua jornada, fazendo com que você não seja apenas a média das cinco principais pessoas ao seu redor, mas sim funcionando como plataforma para que você possa operar e agir em vários terrenos, sempre muito bem acompanhado. Invista em pessoas, invista em relações, invista em parcerias. Mas, lembre-se, foque em servir primeiro.

Como você já deve imaginar, vamos agora a uma dinâmica.

Dinâmica

Gosto de usar uma analogia simples, mas que mostra a importância do apoio de todos na sociedade para sermos protagonistas, para termos sucesso.

Imagine que a sociedade aboliu o dinheiro e que a única forma de pagar pelos produtos é por meio da prestação de favores. Você pode ser credor ou devedor de favores aos outros e vice-versa. Qual seria seu comportamento?

Se atualmente vivemos sempre buscando acumular dinheiro para ter capacidade de compra, o mais natural seria acumular favores feitos antes de precisar "gastar" esses favores, correto?

E se eu lhe disser que, hoje em dia, essa moeda já vale mais do que dinheiro? Ser uma pessoa prestativa, interessada e não interesseira, que serve antes de ser servida, é o principal caminho para ter muitos ativos em favores realizados e contar com uma grande rede de devedores morais para ajudá-lo. Assim, se você adotar a postura de procurar saber como pode ajudar as pessoas antes de buscar saber como elas poderiam ajudá-lo, certamente será um grande protagonista, pois, sozinho, nem Michael Jordan seria campeão.

Assista ao vídeo sobre esse assunto visto na dinâmica.

Para acessar o conteúdo é fácil! Basta apontar a câmera do seu celular para o QR Code ao lado ou digitar o link em seu navegador e aproveitar!

https://www.fujadamedia.com.br/livro-sem-dinheiro

Não fique na média, use seu potencial

Tenha a postura de querer ser o protagonista e utilize o método dos 5Ps como base para seus comportamentos e ações, o que permitirá um caminho repleto de sucesso nesse mercado com tantos desafios.

Para ilustrar o que tenho em mente, vou contar um pouco da história da primeira máquina de fatiar pães do mundo.[5] Em 1910, o norte-americano Otto Rohwedder queria patentear sua invenção rapidamente e investiu pouco esforço na divulgação de seu produto inovador. Assim, o pão fatiado passou a ser desejado pelo consumidor apenas quase duas décadas depois, quando a empresa Wonder Bread investiu maciçamente em sua divulgação e, com isso, o pão fatiado passou a ter um alto volume de vendas.

Ao relembrar essa história, notamos que os mercados de um século atrás passavam pelos mesmos desafios de hoje: não importa quão especial ou engenhoso é seu produto se você não consegue alcançar as pessoas que podem querê-lo. Ou seja, o marketing é, sem dúvida, um elemento fundamental para o sucesso do produto, e isso vale para qualquer indústria, independentemente do público-alvo: ou você divulga sua oferta ou seu produto, por melhor que seja, não terá mercado para prosperar.

Com o passar do tempo, as empresas descobriram que a televisão era um excelente caminho para divulgar ideias e produtos, em especial para a divulgação em massa. Sem dúvida, minha geração foi fortemente impactada pelo marketing televisivo, tanto de produtos como de tendências de moda e até de maneiras de agir.

Os consumidores passaram a ter muitas, mas muitas opções de escolha e, em contrapartida, muito menos tempo, de forma que o mercado teve de competir muito mais pela atenção dos consumidores. Nesse contexto, gosto de usar a parábola da vaca. Imagine que você esteja viajando de carro com sua família para uma cidade do interior. Ao longo da estrada, você vê várias vacas, mas é pouco provável que alguém exclame: "Olha, uma vaca!". Afinal, as vacas não são notáveis (assim como muitos produtos). Agora, imagine que uma das vacas seja cor-de-rosa. Nesse caso, provavelmente alguém diria: "Olha, uma vaca cor-de-rosa!". O que quero dizer com isso? Que você precisa ser notável para ter espaço no mercado. Você precisa abandonar o *statu quo*.

Nesse contexto, precisamos encontrar formas de ser notados pelos consumidores. Para isso, o único caminho viável é entregar ao mercado a melhor experiência possível. E isso depende apenas de você agir de imediato com pensamento protagonista, com mindset pioneiro, com atitude de pensar e fazer, com disciplina de performance e com a visão de que você precisa de pessoas e do mercado para ser notável.

Anotou os 5Ps? Então vamos em frente!

10

ELIMINE O SEU 1,40 METRO

"Não me diga que o céu é o limite quando há pegadas na Lua." – Paul Brandt[1]

Depois de ler o capítulo 9, você possivelmente fez uma pausa na leitura e retomou sua rotina. Isso pode representar um risco, pois certos hábitos e situações tenderão a desviar seu foco e seus pensamentos para o habitual, e assim você pode deixar de focar os 5Ps que destaquei para que tenha uma grande probabilidade de ser protagonista em sua vida e em sua empresa. Portanto, proponho alguns pontos de reflexão sobre várias situações em que perdemos para nós mesmos e sobre como nossos pensamentos tendem a nos levar a encarar as dificuldades como barreiras impossíveis de vencer.

Muito tempo atrás, ouvi uma história que pode até ser lenda urbana, mas que mostra, sem dúvida, como o pensamento tradicional influencia os negócios e os indivíduos.

Ao ver um ônibus espacial (o famoso *space shuttle*) posicionado em sua plataforma de lançamento, é possível notar dois grandes foguetes auxiliares nas laterais do tanque de combustível principal, os chamados reforços de foguetes sólidos (*solid rocket boosters*, SRBs). Os engenheiros que os projetaram prefeririam que eles fossem um pouco mais largos, mas a bitola (distância entre os trilhos) da ferrovia por onde eles passariam, de Utah ao Cabo Canaveral, media pouco mais de 1,40 metro. Assim, uma das principais características do design do ônibus espacial, o sistema de transporte mais avançado do mundo, foi determinada por uma simples restrição logística. Isso mesmo: a bitola-padrão nos Estados Unidos é de 4 pés e 8,5 polegadas (cerca de 1,40 metro).

Por que essa medida foi utilizada? Por que a distância entre os trilhos não era maior? Ou menor? A resposta que se encontra vai na linha de: "Porque foi assim que os expatriados ingleses construíram as ferrovias nos Estados Unidos".[2]

Mas por que os ingleses usaram essa medida? "Porque as primeiras linhas ferroviárias foram construídas pelos mesmos indivíduos que construíram os bondes pré-ferroviários, e esse foi o indicador de padrão que eles usaram."

Por que "eles" usaram esse medidor então? "Porque as pessoas que construíram os bondes usavam os mesmos gabaritos e ferramentas utilizados na construção dos vagões, que tinham esse espaçamento entre as rodas."

Por que os vagões tinham esse estranho espaçamento entre as rodas? "Porque, se outro espaçamento fosse usado, as rodas dos vagões se quebrariam em algumas das antigas estradas de longa distância da Inglaterra, pois esse é o espaçamento das estrias das rodas."

Então, quem construiu aquelas velhas estradas esburacadas? "O império romano construiu as primeiras estradas de longa distância na Europa para suas legiões. As estradas foram usadas desde então."

E os sulcos nas estradas? "Os carros de guerra romanos formaram os sulcos iniciais, utilizados por todos os que trafegavam pelas estradas por causa do medo de destruir as rodas de suas carroças. Como as carruagens foram feitas para o império romano, o espaçamento entre as rodas era sempre igual. Portanto, a bitola-

-padrão dos Estados Unidos, de 4 pés e 8,5 polegadas, é derivada das especificações de uma carruagem de guerra romana, que, por sua vez, havia sido projetada com largura suficiente para acomodar o traseiro de dois cavalos."

Além de divertida, essa história mostra como funciona o dia a dia de líderes e organizações. Quando boas ideias e formas inovadoras de se relacionar com os clientes e consumidores surgem, muitos padrões de 1,40 metro limitam ou inviabilizam nossa operação e, naturalmente, tendemos a preservar a compatibilidade com o mundo anterior, pensando que, se existe tal restrição, ela deve ser respeitada. Quando não procuramos entender o porquê da restrição nem nos questionamos se há forma de redefinir os padrões, caímos no comodismo. Falando nisso, o comodismo e a burocracia são os principais fatores que prejudicam o sucesso das empresas, que nada mais são do que o reflexo da cultura e da visão de seus colaboradores.

Seguindo essa linha, vou compartilhar um aprendizado que obtive assistindo a uma palestra de um amigo em que ele ilustrou de maneira muito criativa, mas bem realista, a visão e o comportamento de muitos gestores de negócios. Segundo Eduardo Terra,[3] ao participar de eventos ou palestras sobre disrupção digital, a maioria das pessoas sai ávida por realizar melhorias em suas empresas, mas, quando volta a seus postos de trabalho, entra novamente no *modus operandi* de responder a e-mails e participar de reuniões e mais reuniões. Talvez no fim do dia elas relembrem parte do contexto a que deveriam atentar para ser protagonistas – como o método dos 5Ps, por exemplo –, mas, ao se desviarem de seu foco, acabam idealizando a aproximação de fatores que poderiam trazer impactos

Quando não procuramos entender o porquê da restrição nem nos questionamos se há forma de redefinir os padrões, caímos no comodismo.

negativos para seus negócios e passam a postergar as mudanças necessárias ou desejadas, continuando a viver com seus processos e premissas de 1,40 metro. No entanto, os impactos normalmente não são do tamanho de elefantes, mas sim de formigas, e postergar as resoluções vai minando o negócio de modo a causar até mais impacto que o problema original.

    A decisão sobre qual comportamento adotar é sempre sua: você pode ser conservador e se basear apenas nas restrições que surgem ou desafiar conscientemente certas premissas e surpreender a todos. Livre-se do 1,40 metro hoje mesmo. Ah, e cuidado com as formigas no caminho.

RE-EVOLUÇÃO

"É impossível para um homem aprender aquilo que ele acha que já sabe." – Epicteto[1]

S E VOCÊ AINDA ESTIVER SE QUESTIONANDO SOBRE o 1,40 metro do capítulo anterior, entendo perfeitamente. É um exemplo bem significativo de como deixamos certas premissas nos limitar no dia a dia. Em minhas palestras ou em reuniões com clientes, quando o tema é formas diferentes de atender os clientes, enfatizo que muitas vezes a diferença não está no produto que vendemos (oferta), mas sim na forma como oferecemos a experiência ao cliente (conexão).

Se pesquisarmos na internet sobre a nova sociedade – ou sociedade 5.0 e outras formas "modernas" de rotular o momento que vivemos –, seremos impactados por conteúdos que abordam *smart cities*, conexões em 5G, impressoras 3D, inteligência artificial, *machine learning*, Big Data, IoT, carros autônomos e uma série de tecnologias disruptivas. No entanto, a evolução desejada pela sociedade nem sempre passa por disrupções tão explícitas. Deixar de pensar de maneira comum não tem nada a ver com ser uma pessoa com ideias mirabolantes, com criar empresas que do dia para a noite valem bilhões de dólares, mas sim com o interesse por buscar maneiras melhores e mais inteligentes de entregar uma experiência, um serviço, um produto ou um processo de compra e venda.

Alguns anos atrás, assisti a uma palestra do designer de equipamentos de saúde Doug Dietz, da GE Healthcare.[2] Ele foi responsável pelo projeto de uma máquina de ressonância magnética que lhe rendeu uma indicação a um prêmio na área de design. Anos depois, ao ser convidado a visitar um hospital, viu crianças serem examinadas por sua criação. Percebendo que elas estavam aterrorizadas com a máquina, Dietz compreendeu que os pacientes não queriam entrar naquele equipamento. Ao conversar com a equipe do hospital, soube que cerca de 80% das crianças tinham de ser sedadas para realizar o exame e que outras tantas precisavam ter o exame remarcado.

Depois de algumas sessões de *brainstorm* com as equipes do Children's Hospital de Pittsburgh, nos Estados Unidos, e de ir a locais frequentados por crianças para entender suas reações à máquina, Dietz liderou um projeto de modernização do equipamento, que deu origem à linha de produtos GE Adventure Series. Em termos tecnológicos, não houve grande evolução, mas, em relação à ambientação, a mudança foi drástica. As salas de ressonância, que antes eram brancas e frias, foram adesivadas com o tema "fundo do mar", e a máquina, grande e barulhenta, se transformou em um submarino, o que proporcionou aos pequenos pacientes embarcar em uma aventura.

Tecnicamente, não houve disrupção, mas sim uma evolução em termos de oferta, que se tornou disruptiva no tocante à experiência do consumidor, pois teve os pacientes como foco. Muitas vezes as empresas não se colocam no lugar de quem vai utilizar seus produtos ou se relacionar com seus processos de atendimento, e, assim, não entregam uma experiência positiva aos consumidores finais.

Em 2016, li uma reportagem fantástica sobre uma parceria nada tradicional. O título da matéria era "Experiência de *pit stop* da Williams para ajudar a salvar bebês recém-nascidos".[3] Na hora, o tema não chamou minha atenção, mas, depois de ler duas ou três outras reportagens, tive um estalo e voltei rapidamente para a notícia em questão, pois não era algo trivial. Vou contar um pouco dessa história.

Naquele ano, a equipe neonatal do University Hospital of Wales (UHW), no Reino Unido, convidou os profissionais da tradicional escuderia de Fórmula 1 Williams a participar de discussões técnicas e processos relativos à ala de recém-nascidos com o objetivo de descobrir quais procedimentos utilizados pela escuderia poderiam ser adaptados àquela área crítica do hospital. Assim, a equipe da Williams ajudou o hospital aliando seus conhecimentos de *pit stop* aos procedimentos utilizados na ressuscitação de bebês.

Em poucos dias, várias melhorias que viriam a salvar mais vidas foram implementadas, como ajustes nos carrinhos que transportam os equipamentos de reanimação, para tornar os deslocamentos mais rápidos e eficazes; e padronização dos espaços, inclusive por meio de desenhos nos pisos, como ocorre nas áreas de *pit stop* da Fórmula 1. O UHW ainda está nos estágios iniciais da implementação de comunicações como as da F1, assim como o uso de sinais manuais no lugar da comunicação verbal (para não criar ruídos de comunicação nem tornar o ambiente barulhento e causar eventual desconforto) e a análise de vídeos para verificar o desempenho após uma ressuscitação, com reuniões de *debriefing* como padrão.

Esses dois exemplos mostram que todos nós esperamos por serviços ou produtos melhores e mais alinhados às nossas expectativas, mas que não necessariamente demandam grandes revoluções. Logo, se sua empresa simplesmente se comprometer a oferecer algo melhor aos clientes, seja nos processos de interação, seja no que concerne aos produtos, estará se posicionando acima da média do mercado, o que poderá torná-la protagonista em sua área de atuação.

Vamos analisar esse tema por outro prisma. Como descrevi no capítulo 1, com a revolução agrícola passamos a conviver com uma grande extração de insumos para a sobrevivência, como legumes, verduras, grãos etc. Com acesso a esses itens, a sociedade evoluiu para a era industrial e utilizou essas matérias-primas para fabricar os produtos acabados. Esse processo transformou os insumos em commodity e os produtos acabados foram customizados para suprir necessidades pessoais. Mais tarde, os produtos acabados deram lugar a uma personalização ainda maior por meio da agregação de serviços, o que também transformou os bens de consumo em *commodities*. Hoje, a experiência é o estágio mais próximo do desejo dos consumidores, transformando inclusive os serviços em *commodities*.

A experiência está associada a contextos mais amplos e mais bem avaliados, como visitar a Disney, viajar para Las Vegas, hospedar-se em hotel boutique ou beber ótimos vinhos. E são esses desejos ou prazeres associados à vida moderna que levam os consumidores a adquirir produtos e serviços autênticos.

Para ilustrar esse conceito, voltarei a falar de uma marca citada no capítulo 9, a Zappos. Fundada em 1999 nos Estados Unidos, a Zappos foi uma das primeiras lojas virtuais de calçados do mundo. Desde o começo, a marca buscou associar a experiência de seus clientes à felicidade. Ela fazia muito mais que apenas vender seus produtos pela internet, elevando o relacionamento com os clientes a outro patamar. O sucesso que a empresa passou a ter alguns anos depois, quando foi reconhecida pelo mercado como um dos ícones em atendimento e relacionamento com os clientes, fez com que, em 2009, a poderosa Amazon adquirisse a Zappos por mais de 1 bilhão de dólares. O fundador da Amazon, Jeff Bezos, declarou na ocasião que admirava a obsessão da marca por seus clientes: "Nunca vi uma empresa com a cultura da Zappos. Isso é um ativo significativo".[4]

Certa vez, li uma reportagem sobre a Zappos na revista *Exame*[5] que trazia uma entrevista com uma das responsáveis pela área de atendimento da empresa, Tiffany Long. Veja, a seguir, algumas de suas declarações.

> "[...] o princípio da Zappos é criar um contato pessoal e emocional com os clientes. Para isso, nossos atendentes são orientados a aprofundar o diálogo com quem liga para a nossa central de relacionamento.
>
> Também enviamos cartões de agradecimento pintados pelos próprios funcionários e brindes como camisetas e cobertores.
>
> Houve, por exemplo, dois clientes que gostavam tanto da Zappos que decidiram se casar no nosso escritório. A ideia, que surgiu de um telefonema, foi levada a Tony Hsieh [presidente da empresa na época], e a cerimônia aconteceu com a presença dele.
>
> Durante a chamada, os dois descobriram que eram da mesma cidadezinha e que tinham conhecidos em

> comum. O que era um contato comercial virou uma atualização sobre o lugar, e eles acabaram se adicionando no Facebook e se tornando amigos.
>
> Certa vez, uma pessoa ligou para a central da companhia às 2 horas da manhã pedindo ajuda para encontrar uma pizzaria aberta perto de sua casa. O funcionário que a atendeu, mesmo sabendo que não tinha a obrigação, fez uma pesquisa pela área de onde partia a chamada e informou um local em que a pizza poderia ser comprada.
>
> Nós ficamos mal quando o cliente não está feliz."

Essas declarações mostram como a Zappos impactou o mercado com um modelo de atuação altamente focado no consumidor.

Outra forma de ilustrar esse jeito diferente de pensar, de buscar atender às demandas do mercado de maneira não tradicional, é retratada na história a seguir. Obviamente, adoto um tom descontraído para enriquecer o caso, mas de maneira alguma quero que entenda isso como um conflito com práticas éticas ou morais.

Certa vez João estava retornando de uma viagem e, quando o avião parou no *finger* para o desembarque, ele se lembrou de que aquele era o dia de seu aniversário de casamento. Imagine o pavor que foi para um homem, em plena sexta-feira às 8 da noite, dentro de um avião após passar a semana toda viajando, se dar conta de que esquecera uma data tão importante.

Bem, nessas horas todo homem logo pensa no que poderia ser a solução perfeita: comprar flores – por isso existem floriculturas em aeroportos! O que os homens não sabem é que também existem joalherias e agências de viagem nos aeroportos e que essas opções estão muito acima das flores na lista de preferência das mulheres. Enfim, ele foi à floricultura.

A partir daqui, deixarei você decidir o caminho que João poderia seguir.

Cenário 1 – florista tradicional

Quando chegou à floricultura, João recebeu um "boa-noite" do atendente, que, de imediato, perguntou quais flores ele gostaria de comprar.

Uma rápida observação para as mulheres que estão lendo este livro ou para os homens que não pensam assim: em geral, os homens consideram que a melhor opção ao comprar flores é aquela que combina o melhor preço com a maior quantidade. Logo, as flores do campo acabam sendo uma ótima opção – não são tão perfumadas, mas têm uma boa relação quantidade × preço.

Assim sendo, João comprou um lindo buquê de flores do campo e foi para casa.

Ao chegar, bem, todos já imaginam a decepção de sua esposa ao ver que João havia se esquecido daquela data tão importante e, ainda por cima, havia comprado flores do campo para presenteá-la. A continuação da história eu deixo por conta da sua imaginação.

Cenário 2 – florista que quer ser protagonista

Ao chegar à floricultura, João foi recebido com um "boa-noite" do atendente, que logo lhe perguntou o motivo de sua ida à loja e ainda brincou, dizendo: "Homem em floricultura a esta hora geralmente é para resolver um problema". Bingo! João explicou sua grave falha e, curioso, o rapaz perguntou se ele costumava esquecer datas importantes, pedindo sua permissão para anotar seus dados de contato e datas relevantes para que no futuro pudesse lhe enviar um lembrete. Além disso, o atendente sugeriria a João outras opções de presente para que pudesse escolher conforme o momento e o presenteado, e disse que poderia indicar produtos de parceiros da floricultura, como uma joia, um vinho, chocolates, viagens, roupas etc. Imagine como João ficou aliviado!

Bem, vendo a aflição de João, o atendente sugeriu uma flor mais adequada ao momento: gérberas laranja colhidas por monges tibetanos de até 19 anos no norte do Butão. Quando João ouviu aquilo, nem quis saber o preço, mandou logo embrulhar as flores, mas o atendente rebateu: "Calma, vamos fazer um cesto bem bonito para as flores. Pode ir para casa". Espantado, João exclamou: "Ir pra casa? E as flores? Não posso chegar em casa sem elas!". Então o rapaz sorriu e disse: "Pode ir. Quando chegar em casa, pergunte a sua esposa se ela gostou da surpresa enviada. Se ela disser que não recebeu nenhuma surpresa, ligue em seguida para nós e faça uma reclamação com todo o vigor que uma falha dessas merece, pois o senhor havia pedido que a entrega ocorresse ainda no início da manhã. Dessa forma, mandarei imediatamente ao seu endereço nosso carro para entregas especiais, uma limusine preta brilhante, com o cesto de flores escolhido e uma garrafa de vinho com duas taças personalizadas que temos aqui na loja, pois preciso compensar essa grave falha. O que o senhor acha?".

Não preciso falar mais nada, certo? Mas devo deixar bem claro que se trata de uma história fictícia, não recomendo que os homens tentem agir da mesma forma que João.

Você notou a diferença entre os dois cenários apresentados? O primeiro é o tradicional, em que o atendente não fez nada de errado para os padrões comuns, mas de maneira alguma procurou saber os motivos da ida do cliente à floricultura, ou seja, não quis entender o problema do cliente para lhe oferecer a melhor solução. Já o segundo cenário retrata o atendente protagonista, no estilo Zappos.

Se você parar para pensar, verá que a vida está repleta de situações semelhantes, em que deparamos, como consumidores ou clientes, com premissas inadequadas e, como executivos, com uma série de dificuldades corporativas. Será que você já consolidou esse modo de pensar? Bem, vou compartilhar mais um caso, pois desejo realmente que, ao finalizar a leitura deste livro, você busque agir de maneira alinhada aos 5Ps, com uma mentalidade *protagonista*.

Tempos atrás, assisti a uma palestra de Daniel Hoe, diretor de marketing da Salesforce para a América Latina, que abordou um tema muito interessante e adequado ao contexto que estamos enfocando. A palestra era sobre como o comodismo muitas vezes pode definir padrões que não necessariamente geram o melhor retorno.

O exemplo dado por Hoe foi o dos teclados Qwerty[6] (os tradicionais teclados de computadores e *smartphones*). Em algum momento você já deve ter se perguntado por que as teclas desses teclados não foram dispostas em ordem alfabética, não é mesmo? Bem, e se eu disser que no passado elas estavam em ordem alfabética?

Por volta de 1860, nos Estados Unidos, um grupo de amigos, com destaque para o inventor Christopher Sholes, criou um equipamento chamado máquina de escrever. Naquela época, o projeto tinha as teclas em fileira única (como um piano) e em ordem alfabética. Comenta-se que o projeto teve de ser ajustado em razão de falhas mecânicas, pois, como os datilógrafos digitavam muito rápido, as teclas esbarravam umas nas outras, e isso poderia estragar a máquina. Após algumas revisões, o projeto deu origem ao que conhecemos hoje como teclado Qwerty.

Em 1873, Sholes e seus amigos fecharam uma parceria com a Remington – fabricante de armas que, em razão da crise gerada pelo fim da Guerra Civil Americana, procurava novos mercados – para a produção dos teclados Qwerty. Anos mais tarde, o sucesso da parceria ficou evidente, pois, em 1890, havia em uso nos Estados Unidos mais de 100 mil máquinas de escrever com esse teclado. Tempos depois, Sholes se uniu a outras companhias desse segmento, como a Densmore, a Yost, a Caligraph e a Smith-Premier, e, juntas, formaram a Union Typewriter Company, que adotou oficialmente o layout Qwerty.

O interessante é que a manutenção desse layout se deve ao fato de a Remington ter oferecido um treinamento aos novos datilógrafos. Essa foi uma forma inteligente de tornar sua invenção mais útil para os usuários e de ter também uma percepção melhor do uso do produto pelos consumidores.

Na década de 1930, surgiu um novo concorrente ao modelo Qwerty, o Dvorak (padrão criado por August Dvorak). Embora ele permitisse a digitação de mais palavras sem que fosse necessário deslocar tanto os dedos (sendo mais eficaz, portanto), àquela altura o Qwerty já era soberano – como permanece até hoje – e não apresentava as restrições mecânicas da época (nos modelos anteriores ao Qwerty, eventualmente os mecanismos de duas teclas colidiam internamente nas máquinas, gerando dificuldades na utilização). E mesmo os modelos lançados depois, tecnicamente melhores que o Qwerty, acabaram não tendo muita aceitação no mercado, pois a experiência e os movimentos possibilitados pela estratégia do Qwerty eram únicos, além do fato de que os consumidores também se acomodam e não querem testar um produto novo.

Essas histórias mostram como detalhes, posicionamentos, cultura e, acima de tudo, foco em entregar uma experiência extraordinária, no tempo e no formato certos, criam o ambiente adequado para o protagonismo. Entregar a melhor experiência não é oferecer o melhor em termos de tecnologia nem apenas um conceito disruptivo, mas sim entregar o melhor produto, serviço e experiência no momento e no formato que o mercado espera.

Vamos mergulhar um pouco mais nessa teoria, buscando fazer uma análise prática de mais um ângulo. Imagine um cliente que teve um imprevisto com o serviço de determinada empresa. O caminho natural seria contatar o provedor para solicitar o serviço de garantia. Em geral, o cliente acessa o site da marca em busca de informações sobre como acionar o suporte técnico (poucos consultam o manual de instruções). Mas acredite: a maioria dos sites não oferece a possibilidade de abertura de ocorrências, disponibilizando apenas o número do telefone, um *chat* atendido por um robô que simplesmente informa o endereço da assistência técnica mais próxima, e o tradicional "fale conosco" para que o cliente envie um e-mail. Normalmente, o prazo de resposta via e-mail é de alguns dias (úteis, inclusive), ao contrário do telefone, em que o atendimento ocorre em minutos, porém demanda uma longa espera.

Paremos aqui para refletir: qual seria o caminho mais confortável para o cliente? Escrever um e-mail e ter de aguardar dias pela resposta ou esperar ser atendido por telefone? Qual é o canal mais custoso para a empresa: ter um profissional só para atender aos chamados telefônicos (além dos custos associados) ou simplesmente responder a um e-mail? E por que as empresas priorizam justo o canal mais caro e menos desejado – o telefone –, em detrimento do e-mail? Porque essa é a forma como as operações sempre foram estruturadas e normalmente os líderes desses departamentos não são reconhecidos pelo nível de satisfação dos clientes, mas sim por terem as melhores métricas de produtividade e custos, como o tempo médio de atendimento. Logo, por que eles vão se arriscar a fazer algo que pode custar mais e demorar mais para "apenas" satisfazer os clientes? Note que eu nem entrei no mérito de uma marca não ter atendimento digital, o que, nos dias de hoje, demonstra total descaso e falta de foco no atendimento aos clientes.

Precisamos de uma vez por todas modernizar nosso mindset, nosso propósito, ou seja, nos reinventar e questionar o básico: como chegar mais cedo e de modo mais racional aonde queremos? Estamos entregando ao nosso cliente o serviço e a experiência que ele gostaria de ter?

É exatamente por essa falta de sensibilidade que portais como o Reclame Aqui ganham força. O comportamento de grande parte das empresas leva os consumidores a buscar a resolução de um problema no site da marca. Ao não encontrarem esse suporte, os clientes recorrem a ferramentas de busca, como o Google, e acabam sendo direcionados a portais como o Reclame Aqui, no qual, por vezes, deparam com reclamações de outros clientes sobre o mesmo assunto, o que potencializa sua insatisfação. Em última instância, os consumidores recorrem às redes sociais da marca para tentar ser atendidos, o que muitas vezes surte o efeito desejado.

Por isso questiono novamente: por que agir só depois do fato? Veja o histórico que o cliente percorreu antes de chegar a uma solução para seu impasse. Por que não agir antes?

Vivemos em uma sociedade com cada vez mais alternativas, opções, desejos e mais pressa de chegar ao destino almejado. Logo, não podemos deixar nada para amanhã; devemos agir hoje, agora. Afinal, temos todas as informações necessárias para isso.

Costumo dizer a meus times, clientes e mentorados que precisamos agir de imediato, otimizar o tempo, antecipar as situações e, com isso, atender às expectativas de todos, que são ter respostas no menor prazo, por meio do canal mais adequado e da forma mais profissional possível.

E você, o que vai fazer hoje para evitar o problema ou a perda de amanhã?

Por volta do ano 2000, foi descoberto na África um povoado isolado que nunca havia tido contato com a sociedade urbana e moderna. Cientistas sociais "convidaram" um indivíduo desse povoado a participar de um experimento. Ele foi levado a Londres para conhecer o mundo moderno. Depois de passar a vida isolado e longe da "evolução social", ele, de uma só vez, começou a ter contato com a sociedade urbana atual, conhecendo produtos como televisão, telefone, celular, carro, helicóptero, entre centenas de tecnologias que você pode imaginar. Após uma semana em Londres, ele foi questionado sobre o que gostaria de levar para seu povoado. O que você acha que ele respondeu?

Talvez ache que ele escolheu um celular, uma televisão ou equipamentos do gênero. Mas, acredite, ele optou por levar uma torneira. Sim, uma torneira. Ao ser questionado, ele, de maneira assertiva, disse que seu povo tinha de se deslocar por mais de 10 quilômetros para coletar água, e, com a torneira, a água estaria sempre à disposição de todos. Pela falta de conhecimento sobre como opera nossas construções, ele não sabia que a torneira é apenas a ponta final do processo de entrega de água nas casas e que existem muitas etapas desde a captação da água nos rios até seu tratamento e direcionamento para grandes áreas de distribuição coletiva, tudo isso por tubulações arquitetadas para percorrer grandes distâncias.

Muitas vezes interpretamos erroneamente determinados públicos. Logo, conhecer seu dia a dia é muito relevante. Mas o ponto principal que eu gostaria de comentar são os desafios que as empresas enfrentam no mercado, pois, no caso da torneira, o maior investimento das empresas, feito na logística do abastecimento, não tem a relevância percebida na torneira em si.

Muitas empresas fazem seu trabalho de maneira usual, adequada, positiva, mas não ocupam o espaço desejado no mercado, e isso geralmente se deve ao fato de olharem sempre para o todo, em um nível de complexidade grande, mas não para o esperado e desejado pelos clientes. Em vez de a empresa entender os desejos do consumidor, ela acaba investindo mais tempo em fazer sua operação executar os procedimentos definidos.

Em *O dilema da inovação*,[7] Clayton Christensen afirma que as empresas, inclusive aquelas com boa gestão, quase sempre passam a perder espaço quando ocorrem evoluções tecnológicas significativas em seus mercados.

A explicação de Christensen é tão surpreendente quanto lógica, pois essas empresas fracassam por executar seus processos dentro do modelo operacional mais viável. Ou seja, analisam os *feedbacks* dos principais clientes, focam grandes mercados e ignoram soluções que não atendam às premissas de performance de seus clientes, investindo muito mais em melhorar os atuais produtos. E mesmo assim, fracassam. Veja como soa incoerente este trecho de seu livro:

> *Em tempos de bonança, as empresas bem-sucedidas tendem a decisões que marcam o início de sua futura derrocada. Nossos trabalhos de pesquisa sustentam isso mostrando que, nos casos examinados, uma administração boa e correta acaba levando ao fracasso. Essas empresas perdem sua posição de liderança precisamente por se orientarem pelos clientes, por investirem agressivamente em novas tecnologias para fornecer aos seus clientes produtos com desempenho melhor, por analisarem as tendências de mercado e por dirigirem seus orçamentos àquelas inovações que prometem*

> *os maiores lucros. No fim das contas, isso significa que muito daquilo que geralmente é avaliado como administração boa e correta só gera sucesso em determinadas circunstâncias. Há tempos em que é melhor apostar em produtos de qualidade mais reduzida, com margens menores, e há tempos em que é melhor entrar agressivamente em mercados menores do que em mercados grandes.*

Até alguns anos atrás, nenhuma instituição financeira teria previsto que a plataforma de troca de mensagens WhatsApp seria um provável concorrente aos serviços de pagamento móvel. O mesmo acontece com Uber, Airbnb, Waze e plataformas e aplicativos semelhantes. Portanto, é possível afirmar que o futuro da inovação é combinatório: diferentes novas tecnologias são interligadas umas às outras e, dessa interligação, surgem possibilidades inéditas e incontroláveis.

Ray Kurzweil, inventor, autor, futurista e diretor de desenvolvimento técnico do Google, geralmente utiliza em seus livros e palestras a anedota da invenção do tabuleiro de xadrez. Tive a oportunidade de assistir a uma de suas apresentações sobre crescimentos exponenciais em que isso ocorreu e compartilho a história.

Estima-se que o jogo de xadrez tenha sido inventado há cerca de 1500 anos, na Índia. Reza a lenda que um imperador estava entediado com sua vida e promoveu um concurso para desafiar a comunidade a lhe trazer algo novo. Se a novidade o empolgasse, ele ofereceria um prêmio proporcional. Assim, quando um homem lhe apresentou o jogo de xadrez, o imperador ficou maravilhado e permitiu até mesmo que ele escolhesse qual seria sua recompensa.

Humilde, o homem disse que tudo de que precisava era um pouco de arroz para sua família. Surpreso com a simplicidade do inventor, o imperador perguntou quanto arroz ele imaginava ser necessário. O homem sugeriu utilizar o tabuleiro de xadrez para determinar a quantidade de arroz com a qual seria recompensado. A estratégia foi colocar um grão de arroz na primeira casa, dois na segunda, quatro na terceira, oito na quarta, e assim por diante. No fim, teriam o cálculo de quanto arroz ele deveria receber. Imediatamente, o imperador concordou, mas depois percebeu que o número era enorme, ou melhor, inviável. Após 63 duplicações, eram mais de 18 trilhões de grãos. Um número inimaginável. Para se ter uma ideia do que isso representa, o Monte Everest, o mais alto do planeta, seria uma simples pedra comparado a essa montanha de arroz. Em toda a história da humanidade, nunca havia sido produzida uma quantidade de arroz similar.

Essa história demonstra como um simples exemplo de crescimento exponencial prova que não temos como conceber os efeitos desse cálculo.

Mas você deve estar se perguntando por que Ray Kurzweil contou esse caso e por que o utilizei neste livro. E eu respondo que foi justamente para deixar claro que o crescimento exponencial com base na tecnologia da informação nos colocou diante de oportunidades ímpares, mas também de enormes desafios. Podemos imaginar uma parte do que será possível alcançar com alguma inovação ou ajuste, mas dificilmente poderemos prever o que poderá ocorrer depois.

Logo, certo estava o africano do povoado isolado ao escolher a torneira, pois seu uso pode ser exponencial.

PALAVRAS FINAIS

"Buscar e aprender, na realidade, não são mais do que recordar." – Platão[1]

Peter Drucker é um dos autores mais reconhecidos das últimas décadas quando o assunto é administração. Em *O melhor de Peter Drucker*,[2] ele diz que "o tempo é uma grandeza física presente em muitas áreas, e líderes eficientes reconhecem o fator limitante que o tempo traz aos negócios". Outros pensadores destacam que o tempo é finito e escasso; logo, aproveitá-lo da melhor maneira é ser inteligente.

Aproveitar o tempo, seja no âmbito profissional, seja no âmbito pessoal, é sempre uma busca contínua de todos – do jogador de futebol durante uma partida, de um executivo no cumprimento de suas metas, de um assistente nas tarefas do dia, de uma pessoa que espera o ônibus, de uma criança na escola.

Esse é, hoje, um dos principais desafios para os pensadores e estrategistas de marketing, pois qualquer marca disputa uma pequena fatia do tempo dos consumidores e, a cada dia que passa, nós nos tornamos mais criteriosos ao investir esse tempo. Assim, mais do que nunca, o tempo e a atenção passaram a ser as moedas mais valorizadas na sociedade.

E esse é justamente o ponto de convergência de todas as evoluções ocorridas nos últimos duzentos anos. Mas, hoje, o foco é ligeiramente diferente de tempos passados, o que tem gerado muito desconforto em executivos e empresários. Até cerca de quinze anos atrás, a maior parte das inovações buscava otimizar o tempo para os negócios, em detrimento dos consumidores. Evoluções em linhas de produção, velocidade dos meios de transporte, logística, energia, automação de processos e digitalização de relações sempre tiveram como foco permitir às empresas capacidade de crescimento e redução de custos, e, às vezes, gerar melhorias para o consumidor. Todas essas evoluções tiveram o tempo como protagonista e o consumidor como coadjuvante, oportuno ou não, dos benefícios oferecidos por elas.

Se analisarmos a evolução do setor financeiro nos últimos vinte e cinco anos, veremos que foram entregues ao consumidor muitas melhorias, como consultar o extrato bancário, sacar dinheiro e pagar contas sem precisar interagir com atendentes. Mas, na verdade, essas melhorias foram criadas para possibilitar maior produtividade aos bancos, pois o foco era reduzir a necessidade de atendentes, diminuir o tempo médio de atendimento e, em consequência e com sorte, atender melhor os correntistas. No entanto, a premissa inicial foi e sempre será otimizar o tempo e diminuir custos.

Nos últimos anos, alguns elementos deixaram de ser variáveis e passaram a ser constantes, como é o caso do consumidor. A constante tempo é fundamental e foi unificada ao consumidor. A constante empresa passou a ser a variável da equação dos negócios e das relações. Hoje, quem oportuniza mais tempo aos consumidores é que se destaca no mercado. Mas essa mudança ainda não foi totalmente compreendida pelas empresas, por isso a cada dia surgem companhias com propostas de relacionamento com consumidores que se tornam *cases* de sucesso e que fazem com que mercados consolidados sejam colocados em situação de muito desconforto.

Quantos negócios sofreram disrupção nos últimos cinco anos? Hoje, temos empresas financeiras que usam a tecnologia com foco no consumidor, passando a protagonizar o modelo ideal para as pessoas. Uber, Spotify, iTunes, Netflix, Rappi, iFood... Eu poderia citar uma centena de organizações que entregam inovação aliada à tecnologia, sempre com foco nas melhores experiências para as pessoas e priorizando sua produtividade ao usar esses, algo mais inteligente para todos. Empresas de *delivery* que entregam qualquer produto a qualquer hora traduzem de modo claro o melhor aproveitamento do tempo pelos indivíduos. Cito, a seguir, mais alguns exemplos de otimização do tempo dos consumidores.

O Brasil ainda é um dos poucos países em que a Uber oferece ponto de parada intermediário em uma viagem, pois a maior parte dos brasileiros preferem aproveitar os deslocamentos para passar em uma loja de conveniência, farmácia ou minimercado para comprar algo. Esse comportamento possibilitou a operação de empresas como a Cargo, que instala uma miniloja dentro dos carros da Uber, minimizando a necessidade de o consumidor fazer paradas e permitindo que ele compre os produtos de que eventualmente precisa na própria viagem.

Os novos meios de transporte *pay per use* (como patinetes e bicicletas) são simples, e práticos e permitem um deslocamento muito mais rápido do que ônibus ou táxis, por exemplo. Não são mais baratos, mas possibilitam às pessoas utilizar melhor seu tempo.

Há anos estamos acompanhando uma mudança de estratégia dos grandes varejistas do ramo de alimentos, que, até pouco tempo atrás investiam fortemente em grandes lojas (como os hipermercados). Agora, eles passaram a ajustar sua estratégia e abriram lojas menores e melhor localizadas, para atender rapidamente às necessidades dos clientes. A conveniência também evoluiu muito nesse segmento. Hoje, é possível comprar alimentos, artigos de higiene, produtos orgânicos, entre tantos outros, diretamente de empresas especializadas, que muitas vezes oferecem a opção de assinatura com facilidades ainda mais amplas, entregando em determinado dia da semana, por exemplo, verduras e frutas em domicílio e eliminando, assim, a necessidade periódica de ir a um supermercado.

Toda essa evolução é fruto do grande avanço tecnológico, principalmente no que diz respeito a dispositivos móveis e serviços a eles vinculados. Por meio de assistentes virtuais acionados por comando de voz, como a Alexa e o Google Assistente, é possível incluir itens na lista de compras, pedir comida por *delivery*, acessar a previsão do tempo, ouvir notícias, ajustar a agenda profissional, entre outras facilidades que nos permitem utilizar de maneira melhor nosso tempo.

Empresas que buscam soluções de *e-commerce*, de *customer relationship management* (CRM) integrado com visão única dos clientes e de atendimento por meio de canais variados não estão mais querendo, prioritariamente, fazer mais com menos, mas sim otimizar o tempo das pessoas, e, com isso, potencializar a variável de negócio. Ou você acha que vender pela internet é a melhor opção para as empresas? Investir em ter uma visão única do cliente para conhecer seu perfil de compra, seus desejos e seus interesses e passar a mensagem mais adequada para otimizar seu tempo é algo opcional hoje para as empresas? O consumidor tem a liberdade de buscar o modelo que estiver mais adequado a suas necessidades, e quem lhe entregar a maior otimização do tempo e a melhor experiência será, por consequência, sua primeira escolha.

Além dos exemplos e dos métodos que compartilhei neste livro, como o dos 5Ps, acho importante reforçar que o princípio de tudo é a conveniência, ou seja, o tempo. Precisamos pensar em descomplicar as coisas, em tornar o dia a dia mais alinhado ao melhor retorno possível para os consumidores, mesmo quando eles ainda não sabem do que necessitam. Resumindo, os protagonistas existem para isso: direcionar e propiciar um ambiente mais arrojado e funcional.

Veja o exemplo das *balance bikes* – bicicletas pequenas e um pouco diferentes das usuais, com aro de 12 polegadas e sem pedais. "Como assim, uma bicicleta sem pedais? Para que serve uma bicicleta sem pedais para uma criança?", você deve estar se perguntando. Bem, andar de bicicleta estimula o equilíbrio, a coordenação motora e os reflexos de qualquer pessoa, principalmente de uma criança. É por isso que em geral elas aprendem a andar de bicicleta entre os 4 e os 6 anos. E essas bicicletinhas são ideais para o primeiro contato das crianças com o ato de andar de bicicleta. Elas são movidas pelo embalo dos pés, o que permite que o equilíbrio sobre duas rodas se torne um movimento natural, minimizando a necessidade e a dependência das rodinhas de apoio.

As crianças que utilizam essas bicicletas sem pedais desenvolvem habilidades muito importantes para o futuro e aprendem a pedalar mais depressa do que as que usam as tradicionais, pois acabam treinando mais o equilíbrio e a coordenação motora, sem falar que perdem o medo de andar de bicicleta.

Note que a simples decisão de tirar os pedais da bicicleta deu origem as bicicletas sem pedal e de treino de equilíbrio – uma nova categoria de produto –, que habilita os usuários a usufruir seus benefícios. Se você pesquisar na internet vídeos de crianças com essa bicicletinha, encontrará centenas de casos, inclusive de campeonatos entre crianças com menos de 2 anos que se deslocam nas *balance bikes* a toda a velocidade.

Outro exemplo muito ilustrativo é o que conheci em mais uma apresentação no TEDx.[3] O palestrante, Terry Moore, disse que tinha comprado um par de sapatos muito caro e do qual gostara muito, mas os cadarços não eram bons e, por isso, ele não conseguia amarrá-los direito. Então, ele voltou à loja para resolver esse impasse, e o atendente explicou que ele é que não sabia amarrar direito os sapatos. Terry ficou muito surpreso, pois acreditava que, aos 50 anos, uma das habilidades que não precisava melhorar era a de amarrar os sapatos. Segundo ele, o atendente lhe mostrou que seria preciso apenas mudar a rotação do cadarço para intensificar a força do nó criado e impedir que o calçado se desamarrasse. Vejam que problema, não teria como o cliente saber algo tão fora do usual, era preciso vir especificado.

Para finalizar este livro, gostaria de enfatizar que é preciso ter em mente que é a *sociedade* que sempre definirá os movimentos do mercado e que não é possível lutar contra isso e vencer. Somente os indivíduos que tiverem a capacidade de se adaptar e de se desafiar em momentos de transformação do mercado, buscando exercer seu protagonismo, conseguirão engendrar a melhor estratégia de atuação, o que, para os protagonistas, é uma grande oportunidade.

Logo, fuja da média, não seja comum e protagonize ainda mais em sua vida.

Fique bem!

Notas

INTRODUÇÃO

1. JOHN F. Kennedy Moon Speech – Rice Stadium. 12 set. 1962. Disponível em: https://er.jsc.nasa.gov/seh/ricetalk.htm. Acesso em: 13 jun. 2021.
2. COMO reiniciar a sua mente e praticar bons hábitos | Kau Mascarenhas | TEDxRioVermelho. 2017. Vídeo (14min06s). Publicado pelo canal TEDx Talks. Disponível em: https://www.youtube.com/watch?v=crX1h_maURY. Acesso em: 20 maio 2021.

CAPÍTULO 1 – O ÓTIMO É MELHOR QUE O BOM

1. BOMBONATO, F. "A mente que se abre a uma nova ideia jamais voltará ao seu tamanho original" Albert Einstein. **Revide**, 21 out. 2013. Disponível em: https://www.revide.com.br/blog/felicio-bombonato/mente-que-se-abre-uma-nova-ideia-jamais-voltara-ao/. Acesso em: 20 maio 2021.
2. SCIENTISTS discover the oldest *Homo sapiens* fossils at Jebel Irhoud, Morocco. **Phys.org**, 7 jun. 2017. Disponível em: https://phys.org/news/2017-06-scientistsoldest-homo-sapiens-fossils.html. Acesso em: 20 maio 2021.
3. HARARI, Y. N. **Sapiens**: uma breve história da humanidade. São Paulo: Companhia das Letras, 2020.
4. CURRENT World Population. **Worldometer** [s.d.]. Disponível em: https://www.worldometers.info/world-population/. Acesso em: 20 maio 2021.
5. EVOLUÇÃO Humana e Aspectos Socio-Culturais. **World Civilizations I**. Disponível em: http://www2.assis.unesp.br/darwinnobrasil/humanev3.htm. Acesso em: 28 jun 2021.
6. HELENE, O. Consumo de energia no corpo humano. **Prof. Otaviano Helene** [s.d.]. Disponível em: http://axpfep1.if.usp.br/~otaviano/. Acesso em: 31 maio 2021.
7. LÓPEZ, A. G. O cérebro queima em um dia as mesmas calorias que correr meia hora. Então, pensar muito emagrece?. **El País**, 27 nov. 2018. Disponível em: https://brasil.elpais.com/brasil/2018/11/23/ciencia/1542992049_375998.html. Acesso em: 20 maio 2021.
8. SPACEX aporta US$ 85 milhões e valor de mercado rompe US$ 74 bilhões. **IstoÉ Dinheiro**, 17 fev. 2021. Disponível em: https://www.istoedinheiro.com.br/spacexaporta-us-85-milhoes-e-valor-de-mercado-rompe-us-74-bilhoes/. Acesso em: 31 maio 2021.
9. BOUTGUIGNON, N. Apple, Amazon, Microsoft valem, cada uma, mais que o PIB brasileiro. **A Gazeta**, 29 ago. 2020. Disponível em: https://www.agazeta.com.br/es/economia/confira-lista-das-empresas-que-valem-um-brasil-em-valor-de-mercado-0820. Acesso em: 31 maio 2021.

CAPÍTULO 2 – AS DIFICULDADES PODEM SE TORNAR OPORTUNIDADES

1. A LOUCURA de ser normal | Marcelo Veras | TEDxVoltaRedonda. 2017. Vídeo (18min25s). Publicado pelo canal TEDx Talks. Disponível em: https://www.youtube.com/watch?v=ruqr8TjUC8g. Acesso em: 31 maio 2021.

2. MARGOLIS, A.; KAGANER, E. Why All Companies Need a Data Experience Designer. **Harvard Business Review** [s.d.]. Disponível em: https://store.hbr.org/product/why-all-companies-need-a-data-experience-designer/iir137?sku=II-R137-PDF-ENG. Acesso em: 27 abr. 2021.

3. ARAUJO, R. Novo poder: a descentralização da informação e a força do coletivo. **HSM**, 19 nov. 2018. Disponível em: https://www.hsm.com.br/lideranca-pessoas/novo-poder-a-descentralizacao-da-informacao-e-a-forca-do-coletivo/. Acesso em: 31 maio 2021.

4. *Ibidem.*

5. GARRETT, F. O que acontece a cada minuto na Internet? Estudo traz dados surpreendentes. **TechTudo**, 14 ago. 2020. Disponível em: https://www.techtudo.com.br/noticias/2020/08/o-que-acontece-a-cada-minuto-na-internet-estudo-traz-dados-surpreendentes.ghtml. Acesso em: 31 maio 2021.

6. DATA never sleeps 8.0. **DOMO** [s.d.]. Disponível em: https://www.domo.com/learn/infographic/data-never-sleeps-8. Acesso em: 4 jun. 2021.

7. AS 7 forças que mudarão o futuro da economia global. **BBC**, 9 dez. 2018. Disponível em: https://www.bbc.com/portuguese/internacional-46466612. Acesso em: 31 maio 2021.

8. APPLE vale US$ 2 tri: valor de empresa nascida em garagem já é maior que PIB de 95% dos países. **BBC**, 20 ago. 2020. Disponível em: https://www.bbc.com/portuguese/internacional-53847955. Acesso em: 31 maio 2021.

9. LISTA das empresas mais ricas do mundo. **Yahoo Finanças**, 18 dez. 2020. Disponível em: https://br.financas.yahoo.com/noticias/evg-ecn-lista-das-empresas-mais-ricas-do-mundo-atualizada-2021-161633981.html. Acesso em: 25 abr. 2021.

10. DOMINGOS, C. **Oportunidades disfarçadas 2**: histórias reais de pessoas e empresas que transformaram problemas em grandes oportunidades. Rio de Janeiro: Sextante, 2019.

11. EASTER Morning, 1900. **National Archives Catalog** [s.d.]. Disponível em: https://catalog.archives.gov/id/513360. Acesso em: 31 maio 2021.

12. FIFTH Avenue: Easter 1913. **Shorpy**, 4 ago. 2007. Disponível em: https://www.shorpy.com/node/204. Acesso em: 31 maio 2021

13. GEORGANO, N. **Cars:** Early and Vintage 1886-1930. Nova York: Crescent Books, 1990.

14. KLEINA, N. A história da Kodak, a pioneira da fotografia que parou no tempo [vídeo]. **Tecmundo**, 10 out. 2017. Disponível em: https://www.tecmundo.com.br/mercado/122279-historia-kodak-pioneira-da-fotografia-nao-evoluiu-video.htm. Acesso em: 31 maio 2021.

15. HASTINGS, R.; MEYER, E. **A regra é não ter regras:** a Netflix e a cultura da reinvenção. Rio de Janeiro: Intrínseca, 2020.

16. VLASTELICA, R. Netflix supera Disney em valor de mercado em meio a quarentenas. **UOL**, 24 mar. 2020. Disponível em: https://economia.uol.com.br/noticias/bloomberg/2020/03/24/netflix-supera-disney-em-valor-de-mercado-em-meio-a-quarentenas.htm. Acesso em: 7 jun. 2021.

17. GRANT, A. **Think Again:** The Power of Knowing What You Don't Know. Nova York: Viking, 2021.

18. GOLDSMITH, M. **What Got You Here Won't Get You There**: How Successful People Become Even More Successful. Nova York: Hyperion Books, 2007.

19 FERNANDES, C. Primeira Guerra Mundial: a Grande Guerra. **História do Mundo** [s.d.]. Disponível em: https://www.historiadomundo.com.br/idade-contemporanea/primeira-guerra-mundial.htm. Acesso em: 31 maio 2021.

20 SOULE, G. H. **The Prosperity Decade:** From War to Depression, 1917-1929. Abingdon: Routledge, 1977.

21 FOREMAN-PECK, J. The American challenge of the twenties: multinationals and the European motor industry. **The Journal of Economic History**, v. 42, n. 4, p. 865-881, dez. 1982. Disponível em: https://doi.org/10.1017/S0022050700028370. Acesso em: 31 maio 2021.

22 FERNANDES, T. 10 invenções de guerra que você usa até hoje. **R7**, 29 set. 2018. Disponível em: https://segredosdomundo.r7.com/10-invencoes-de-guerra-que-voce-usa-ate-hoje/. Acesso em: 31 maio 2021.

23 EVANS, S. O zíper e outras invenções popularizadas graças à Primeira Guerra Mundial. **BBC**, 14 abr. 2014. Disponível em: https://www.bbc.com/portuguese/noticias/2014/04/140414_inventions_first_war_mv. Acesso em: 31 maio 2021.

CAPÍTULO 3 – RECONHEÇA O PROTAGONISMO DA NOVA SOCIEDADE

1 WILSON, Y. I. Don't Compare Yourself With Anyone. **Empowerment Network**, 12 maio 2014. Disponível em: https://empowermentmomentsblog.com/2014/05/12/dont-compare-yourself-with-anyone/. Acesso em: 24 maio 2021.

2 SIMON Sinek: como grandes líderes inspiram ação. 2010. Vídeo (18min34s). Publicado pelo canal TED. Disponível em: https://www.youtube.com/watch?v=-qp0HIF3Sfl4. Acesso em: 31 maio 2021.

3 SINEK, S. **Comece pelo porquê**: como grandes líderes inspiram pessoas e equipes a agir. Rio de Janeiro: Sextante, 2018.

4 SOBRE a Cacau. **Cacau Show** [s.d.]. Disponível em: https://www.cacaushow.com.br/para-sua-empresa/institucional.html. Acesso em: 31 maio 2021.

5 HISTÓRICO da Instituição. **BB** [s.d] Disponível em: https://www45.bb.com.br/docs/ri/ra2010/port/ra/02.htm. Acesso em: 1 jun. 2021.

6 O QUE é o Nubank? **Blog Nubank**, 22 maio 2021. Disponível em: https://blog.nubank.com.br/nubank-o-que-e/. Acesso em: 1 jun. 2021.

7 ROMANI, B. *et al*. Nubank recebe aporte de R$ 2,2 bilhões e já vale mais que o Banco do Brasil. **UOL**, 29 jan. 2021. Disponível em: https://economia.uol.com.br/noticias/estadao-conteudo/2021/01/29/nubank-recebe-aporte-de-us-400-mi-e-ja-vale-mais-que-o-banco-do-brasil.htm. Acesso em: 1 jun. 2021.

8 OLE Christiansen. **Lemelson-MIT**. [s.d.]. Disponível em: https://lemelson.mit.edu/resources/ole-christiansen. Acesso em 28 jun. 2021.

9 BARREIRA, W. G. Roald Amundsen: o explorador que liderou a primeira expedição ao Polo Sul. **Aventuras na História**, 18 jun. 2019. Disponível em: https://aventurasnahistoria.uol.com.br/noticias/reportagem/historia-expedicao-roald-amundsen-polo-sul.phtml. Acesso em: 1 jun. 2021.

10 HUNTFORD, R. **O último lugar da terra**: a competição entre Scott e Amundsen pela conquista do Pólo Sul. São Paulo: Companhia das Letras, 2002.

11 A HISTÓRIA de uma derrota. **Superinteressante**, 30 nov. 2001. Disponível em: https://super.abril.com.br/cultura/a-historia-de-uma-derrota/. Acesso em: 1 jun. 2021.

12 O FIM dos empregos. **Superinteressante**, 12 jan. 2014. Disponível em: https://super.abril.com.br/comportamento/o-fim-dos-empregos/. Acesso em: 4 jun. 2021.

13. BRIARPATCH November/December 2009. **Briarpatch Magazine** [s.d]. Disponível em: https://briarpatchmagazine.com/issues/view/november-december-2009. Acesso em: 4 jun. 2021.
14. WHERE the New Jobes Are. **Time**, 24 nov. 2003. Disponível em: http://content.time.com/time/covers/0,16641,20031124,00.html. Acesso em: 4 jun. 2021.
15. VISÃO [s.l.], n. 1332, 13 set. 2018 – 19 set. 2018. Disponível em: https://capasjornais.pt/Capa-Revista-Visao-dia-12-Setembro-2018-10587.html. Acesso em: 4 jun. 2021.
16. PETRÓ, G.; BRENTANO, L. iPod faz 10 anos, veja o que o tocador mudou na indústria da música. **G1**, 21 out. 2011. Disponível em: http://g1.globo.com/tecnologia/noticia/2011/10/ipod-faz-10-anos-veja-o-que-o-tocador-mudou-na-industria-da-musica.html. Acesso em: 4 jun. 2021.
17. RIBEIRO, G. F.; PADRÃO, M. Há 10 anos, lançamento do primeiro iPhone iniciava revolução no mundo. **UOL**, 9 jan. 2017. Disponível em: https://www.uol.com.br/tilt/noticias/redacao/2017/01/09/ha-10-anos-lancamento-do-primeiro-iphone-iniciava-revolucao-no-mundo.htm. Acesso em: 4 jun. 2021.
18. IQBAL, M. Spotify Revenue and Usage Statistics (2021). **Business of Apps**, 2 abr. 2021. Disponível em: https://www.businessofapps.com/data/spotify-statistics/. Acesso em: 4 jun. 2021.
19. KLEINA, N. A história da Kodak, a pioneira da fotografia que parou no tempo [vídeo]. **Tecmundo**, 10 out. 2017. Disponível em: https://www.tecmundo.com.br/mercado/122279-historia-kodak-pioneira-da-fotografia-nao-evoluiu-video.htm. Acesso em: 4 jun. 2021.
20. EXPERIÊNCIA olfativa: mercado de cosméticos cresce 83% durante pandemia. **Terra**, 30 set. 2020. Disponível em: https://www.terra.com.br/noticias/dino/experiencia-olfativa-mercado-de-cosmeticos-cresce-83-durante-pandemia,-61dc69ad0cca95fd75bc52d952d8b987jmgywf6a.html. Acesso em: 4 jun. 2021.
21. ABOUT Peter Drucker. **Drucker Institute** [s.d.]. Disponível em: https://www.drucker.institute/perspective/about-peter-drucker/. Acesso em: 4 jun. 2021.

CAPÍTULO 4 – VAMOS FUGIR DA MÉDIA?

1. FRED. Leonardo da Vinci: citações e frase que você precisa conhecer. **4ED**, 7 abr. 2019. Disponível em: https://4ed.cc/citacoes-leonardo-da-vinci/. Acesso em: 4 jun. 2021.
2. PERASSO, V. O que é a 4ª revolução industrial – e como ela deve afetar nossas vidas. **BBC**, 22 out. 2016. Disponível em: https://www.bbc.com/portuguese/geral-37658309. Acesso em: 4 jun. 2021.
3. LIMA, K. Número de dispositivos inteligentes deve superar o de humanos em breve. **Olhar Digital**, 5 abr. 2021. Disponível em: https://olhardigital.com.br/2021/04/05/ciencia-e-espaco/dispositivos-inteligentes-deve-superar-numero-de-humanos/. Acesso em: 4 jun. 2021.
4. SEU cérebro sabe qual será sua escolha antes mesmo que você perceba. **Galileu**, 18 mar. 2019. Disponível em: https://revistagalileu.globo.com/Ciencia/noticia/2019/03/seu-cerebro-sabe-qual-sera-sua-escolha-antes-mesmo-que-voce-perceba.html. Acesso em: 4 jun. 2021.
5. POR que a maioria está sempre errada | Paul Rulkens | TEDxMaastricht. 2014. Vídeo (11min25s). Publicado pelo canal TEDx Talks. Disponível em: https://www.youtube.com/watch?v=VNGFep6rncY. Acesso em: 4 jun. 2021.

6   AGUIAR, A. B. **Os facilitadores e os dificultadores tecnológicos que impactam na utilização de energia solar como alternativa inovadora de energia elétrica em Minas Gerais.** Dissertação (Mestrado em Administração) – Fundação Cultural Dr. Pedro Leopoldo, Pedro Leopoldo, 2013. Disponível em: https://fpl.edu.br/2018/media/pdfs/mestrado/dissertacoes_2013/dissertacao_alan_bolinelli_aguiar_2013.pdf. Acesso em: 4 jun. 2021.

7   RIBEIRO, D. Bart Weetjens treina ratos para detectar minas terrestres e tuberculose. **Folha de S.Paulo** [s.d.]. Disponível em: https://www1.folha.uol.com.br/folha/empreendedorsocial/quemeempreendedor/ult10133u713680.shtml. Acesso em: 4 jun. 2021.

8   RATOS gigantes são treinados para encontrar explosivos no Camboja. **G1**, 7 set. 2015. Disponível em: http://g1.globo.com/mundo/noticia/2015/09/ratos-gigantes-sao-treinados-para-encontrar-explosivos-no-camboja.html. Acesso em: 4 jun. 2021.

CAPÍTULO 5 – PROPÓSITO

1   PROPÓSITO. In: **Dicio** [s.d]. 2009-2021. Disponível em: https://www.dicio.com.br/proposito/. Acesso em: 4 jun. 2021.

2   A PROPÓSITO: você sabe aonde quer chegar? **Endeavor**, 19 jun. 2015. Disponível em: https://endeavor.org.br/desenvolvimento-pessoal/proposito/. Acesso em: 4 jun. 2021.

3   DIAMANDIS, Peter; KOTLER, Steven. **BOLD:** oportunidades exponenciais. Rio de Janeiro: Alta Books, 2018.

4   MAVERICKS, J. 21 Years Ago Elon Musk Was Fired from Paypal — Here's How He Bounced Back. **Entrepeneur's Handbook**, 27 mar. 2021. Disponível em: https://entrepreneurshandbook.co/21-years-ago-elon-musk-was-fired-from-paypal--heres-how-he-bounced-back-e89119aa6df. Acesso em: 4 jun. 2021.

5   A MARCA Shell. **Shell** [s.d.]. Disponível em: https://www.shell.com.br/sobre-a-shell/marca.html. Acesso em: 4 jun. 2021.

6   FERNANDES, L. Worn Wear: A história de uma iniciativa que mudou o universo de esportes outdoor. **Blogdescalada.com**, 10 set. 2019. Disponível em: https://blogdescalada.com/patagonia-worn-wear/. Acesso em: 4 jun. 2021.

CAPÍTULO 6 – PIONEIRISMO

1   ROSE, T. **The End of Average**: How We Succeed in a World That Values Sameness. Califórnia: HarperOne, 2016.

2   'ADVOGADO-robô' reverte 160 mil multas de trânsito em NY e Londres. **G1**, 28 jun. 2016. Disponível em: http://g1.globo.com/tecnologia/noticia/2016/06/advogado-robo-reverte-160-mil-multas-de-transito-em-ny-e-londres.html. Acesso em: 4 jun. 2021.

3   BOCCHINI, B. Pesquisa mostra evasão de 30% em cursos superiores privados. **Agência EBC**, 27 set. 2018. Disponível em: https://agenciabrasil.ebc.com.br/educacao/noticia/2018-09/pesquisa-mostra-evasao-de-30-em-cursos-superiores-privados. Acesso em: 4 jun. 2021.

CAPÍTULO 7 – PENSE E FAÇA

1   PORTER, M. E. **Estratégia competitiva**. São Paulo: Atlas, 1980.

2   TZU, S. **A arte da guerra**. São Paulo: Gente, 2021.

3   KLEINA, N. Tim Cook: Nokia foi vendida porque não inovou e "não inovar é morrer". **Tecmundo**, 19 set. 2013. Disponível em: https://www.tecmundo.com.br/tim-cook/44697-tim-cook-nokia-foi-vendida-porque-nao-inovou-e-nao-inovar-e-morrer-.htm. Acesso em: 7 jun. 2021.

4   KLEINA, N. Microsoft compra divisão de celulares da Nokia por R$ 17 bilhões. **Tecmundo**, 3 set. 2013. Disponível em: https://www.tecmundo.com.br/nokia/44054-microsoft-compra-divisao-de-celulares-da-nokia-por-r-17-bilhoes.htm. Acesso em: 7 jun. 2021.

5   MEYER, M. A história da Xerox, aquela que não quis ser a maior do mundo. **Oficina da Net**, 30 nov. 2018. Disponível em: https://www.oficinadanet.com.br/historias-digitais/24341-a-historia-da-xerox. Acesso em: 7 jun. 2021.

6   ROBERTSON, P. **Robertson's Book of Firsts:** Who Did What for the First Time. Bloomsbury USA, 2011.

7   BERTHA Benz e a primeira viagem de automóvel. **Aventuras na História**, 20 dez. 2018. Disponível em: https://aventurasnahistoria.uol.com.br/noticias/galeria/bertha-benz-primeira-viagem-automovel-historia-carro.phtml. Acesso em: 4 jun. 2021.

CAPÍTULO 8 – PERFORMANCE

1   J.; HANSEN, M. **Vencedoras por opção**: incerteza, caos e acaso – por que algumas empresas prosperam apesar de tudo. São Paulo: Alta Books, 2019.

2   MARTINS, R. 10 vezes em que Bruce Lee superou os humanos normais! **Legião dos Heróis** [s.d.]. Disponível em: https://www.legiaodosherois.com.br/lista/10-vezes-em-que-bruce-lee-superou-os-humanos-normais.html. Acesso em: 4 jun. 2021.

CAPÍTULO 9 – PESSOAS

1   ROHN, J. **As sete estratégias para a prosperidade e a felicidade**. [S.l. : s.n.] 1985.

2   VENTURA, F. A teoria dos seis graus de separação funciona mesmo no mundo real? **Gizmodo**, 8 fev. 2016. Disponível em: https://gizmodo.uol.com.br/analise-teoria-seisgraus-separacao/. Acesso em: 4 jun. 2021.

3   WHORISKEY, P. Instant-Messagers Really Are About Six Degrees from Kevin Bacon. **Washington Post**. Disponível em: https://www.washingtonpost.com/wp-dyn/content/article/2008/08/01/AR2008080103718.html. Acesso em 28 jun 2021.

4   NAZARIAN, S. Pesquisa informal mostra do que vivem escritores no Brasil. **Folha de S.Paulo**, 27 dez. 2014. Disponível em: https://m.folha.uol.com.br/ilustrada/2014/12/1567614-pesquisa-informal-mostra-que-poucos-escritores-se-sustentam-pe-lavenda-de-livros-no-brasil.shtml. Acesso em: 4 jun. 2021.

5   PÃO em fatias, por Seth Godin. 2007. Vídeo (18min58s). Publicado pelo canal TED. Disponível em: https://www.youtube.com/watch?v=xBIVIM435Zg. Acesso em: 4 jun. 2021.

CAPÍTULO 10 – ELIMINE O SEU 1,40 METRO

1   THERES a world out there. 2017. Vídeo (3min42s). Publicado pelo canal paulbrandtv. Disponível em: https://www.youtube.com/watch?v=14WVFMPRu4A. Acesso em: 4 jun. 2021.

2   THE SPACE Shuttle and the Horse's Rear End. **Astrodigital** [s.d.]. Disponível em: http://www.astrodigital.org/space/stshorse.html. Acesso em: 4 jun. 2021.

3. DISRUPÇÃO digital: a história da formiga e o elefante | Varejo e Transformação Digital. 2019. Vídeo (4min58s). Publicado pelo canal Eduardo Terra. Disponível em: https://www.youtube.com/watch?v=A2jpUOk-Glg. Acesso em: 7 jun. 2021.

CAPÍTULO 11 – RE-EVOLUÇÃO

1. EPICTETO. **Manual de Epicteto:** A arte de viver melhor. São Paulo: Edipro, 2021.
2. TRANSFORMING healthcare for children and their families: Doug Dietz at TEDxSanJoseCA. 2012. Vídeo (19min47s). Publicado pelo canal TEDx Talks. Disponível em: https://www.youtube.com/watch?v=jajduxPD6H4. Acesso em: 4 jun. 2021.
3. WILLIAMS pit stop expertise to help save newborn babies. **Formula1**, 10 maio 2016. Disponível em: https://www.formula1.com/en/latest/headlines/2016/5/williams_-pit-stop-expertise-to-help-save-newborn-babies.html. Acesso em: 4 jun. 2021.
4. PARR, B. Here's Why Amazon Bought Zappos. **Mashable**, 22 jul. 2019. Disponível em: https://mashable.com/2009/07/22/amazon-bought-zappos/. Acesso em: 4 jun. 2021.
5. MELO, L. Como a Zappos pode ensinar os brasileiros a atender clientes. **Exame**, 17 set. 2014. Disponível em: https://exame.com/negocios/como-a-zappos-pode-ensinar-os-brasileiros-a-atender-clientes/. Acesso em: 4 jun. 2021.
6. SOUZA, G. de. A curiosa história do QWERTY: por que seu teclado não está em ordem alfabética? **HypeScience**, 7 maio 2013. Disponível em: https://hypescience.com/curiosa-historia-do-qwerty/. Acesso em: 4 jun. 2021.
7. CHRISTENSEN, C. M. **O dilema da inovação:** quando novas tecnologias levam empresas ao fracasso. São Paulo: M.Books, 2011.

PALAVRAS FINAIS

1. PLATÃO. **A República**. São Paulo: Lafonte, 2021.
2. DRUCKER, P. **O melhor de Peter Drucker**. São Paulo: Nobel, 2001.
3. TERRY Moore: como amarrar sapatos. 2011. Vídeo (2min59s). Publicado pelo canal TED. Disponível em: https://www.youtube.com/watch?v=zAFcV7zuUDA. Acesso em: 4 jun. 2021.

Este livro foi impresso pela Gráfica Loyola
em papel pólen bold 70g/m² em outubro de 2021.